マーケットでまちを変える

人が集まる公共空間のつくり方

鈴木美央

学芸出版社

まちの景色を変え、
さまざまな効果を生みだすマーケット

マーケットがある時

ロンドンで毎週開催される
Colombia Road Flower Market

マーケットがない時

多様な目的で開催される

東京のマーケット

青井兵和通り商店街の朝市：
下町の商店街活性化型

nest marche：
エリアを活性化する官民連携型

Farmer's Market@UNU：
都市と農をつなぐ交流型

ヒルズマルシェ：
再開発地の
コミュニティ育成型

小石川マルシェ：
住民による地域密着型

**こだわりのある商品を
販売する出店者たち**

江戸時代から続く農家も毎週出店
（ヒルズマルシェ）

いつもは静かな商店街も多くの出店者で賑わう
（青井兵和通り商店街の朝市）

薪で焙煎し半年熟成した番茶を販売
(Farmer's Market@UNU)

キッチンカーでランチを提供
(nest marche)

実家が栽培するしいたけを東京で販売
(Farmer's Market@UNU)

コーヒーを注ぐ時間に対話が弾む
(nest marche)

気軽に贅沢体験ができる
ネイルサロン

大きな公園を借りて、
まちの魅力を感じる
マーケットを開催

ハンドメイドの作家の
活躍の舞台

子どもも楽しめる
ワークショップ

世代を問わず関心の高い
野菜の販売

Whitecross Street Market：
オフィス街のランチ提供型

Ridley Road Market：
住宅街の生活基盤型

Chatsworth Road Market：
中産階級の生活充実型

地域の個性を反映した

ロンドンのマーケット

Whitechapel Market：
コミュニティの居場所型

Portobello Road Market：
観光資源型

Colombia Road
Flower Market：
専門特化型

人々の日常に根づいた

世界のマーケット

トルコ・イスタンブール

イタリア・トリノ

台湾・台北

アメリカ・ポートランド

タイ・アユタヤ近郊

はじめに

「マーケット」と聞いて皆さんは何を思い浮かべるだろうか？　私は土曜日の朝、ふらりと立ち寄って、初めて出会う食材にわくわくしながら出店者と話をして、家に飾る花を買って、お腹が空いたら沿道のカフェで一休みする、豊かな週末の始まりを思い浮かべる。あるいは、平日のランチタイムになるとオフィスの近くにマーケットが並び、世界各国の料理を楽しむ風景。ロンドンに住んでいた頃は、こんな風に人々の暮らしにマーケットは欠かせないものだった。しかし、現在の日本ではこういった日常を思い浮かべる人はまだ少ないのではないだろうか。

本書は、「マーケットでまちを変える」という少し大胆なタイトルをつけた。生活者、研究者、実践者としてマーケットに関わってきた経験、建築家としてまちをつくってきた経験をふまえて、自信を持って言いたい。「マーケットでまちは変えられる」と。

歴史的に見ると、都市の始まりには必ずマーケットが存在した。世界中の都市にはそのまちの暮らしを支え、文化として根づいてきたマーケットが存在している。かつては日本でもマーケットは人々の日常と深く結びついていたが、戦後の法整備、モータリゼーションなど都市の近代化の過程で途絶えてしまった。これは非常に残念なことである。海外の人に、日本ではマーケットが身近にないことを伝えると、いつも驚かれるばかりか、哀れまれることも少なくない。

一方、近年は、食の安全、中心市街地の活性化、公共空間の活用、トップダウンからボトムアップへ、などといった、暮らしや都市を再生する社会的ニーズの高まりにより、マーケットがその解決策として注目を浴びている。成熟した日本のまちでは、これまでの行政や企業主導のトップダウンの手法ではなく、使い手主導のボトムアップの手法が求められるようになった。まちの魅力を発見することから始まり、それを編集し、発信し、共有する場として、マーケットはまさに新しいまちの使い方を実践する手法の一つである。

ここで強調したいのは、マーケットはきっかけであり、手段であることだ。マーケットで起こる、出会い、学び、喜びが、そこに住む人々の生活の質を高め、地域経済を活性化し、まちの魅力を増すことにつながる。マーケットにはマーケットでしか得ることのできない体験や役割があり、その集積が本書の5章で紹介するマーケットの効果である。そして、効果が集積することでマーケットの文化が形成されていく。さらにはまちへの愛着、誇りを高め、まちの担い手を増やすことにも貢献する。

現在、日本におけるマーケットは運営者、開催場所、目的、規模、その質とともに、実に多様であるが、マーケットに関わる人々がその価値と可能性を理解し、ツールとして使いこなしていくことで、日本中のまちをマーケットから変えていくことができるのではないだろうか。本書がその一助となれば嬉しい限りである。

もくじ

もくじ

もくじ

1章

マーケットとは

マーケットは都市の始まり

現代の日本で、マーケット、マルシェというと、なんだか新しいもの、と捉えられるかもしれないが、実は都市に住む人々とマーケットの結びつきは古く、都市の成り立ちとマーケットは切り離して考えられないものである。物々交換や商いをするために人が集まり、それがマーケットとなり、その場所がやがて都市になる。マーケットは世界中の都市の起源なのだ。

原始社会の頃から、高所や大木の生えている神聖な場所に人々が集まり、物々交換や会合を行った。古代ギリシャの都市国家ポリスには、アゴラと呼ばれる柱廊に囲まれた公共広場があり、アゴラはポリス市民が集まり、商いを行い、政治や哲学を論じる、生活の中心の場であった。日本でも奈良時代から平安時代には官製の市《いち》が平城京、平安京、地方の国府にも設けられた。現存する最古の歴史書と言われている古事記に収録されている歌謡にも市が記載され、その後も万葉集などさまざまな書物に登場している。鎌倉時代になると、市が開かれていた場所に常設する店舗が現れ、町が形成されたとされる。戦国時代には誰でも自由に市で商売ができる経済政策として「楽市・楽座」が行われた。江戸時代には都市の消費需要を満たすために振り売りや露店商が拡大した。第二次世界大戦後の物資不足の際には闇市が生まれるなど、マーケットは各時代の都市の状況に応じて

図1　現在も開催されているイギリス・ロンドンのペチコート・レーン・マーケット（1920年代）
（出典：アメリカ議会図書館）

図2　歌川広重が描いた江戸・浅草市（部分、1853年頃）（出典：大日本六十余州名勝図会）

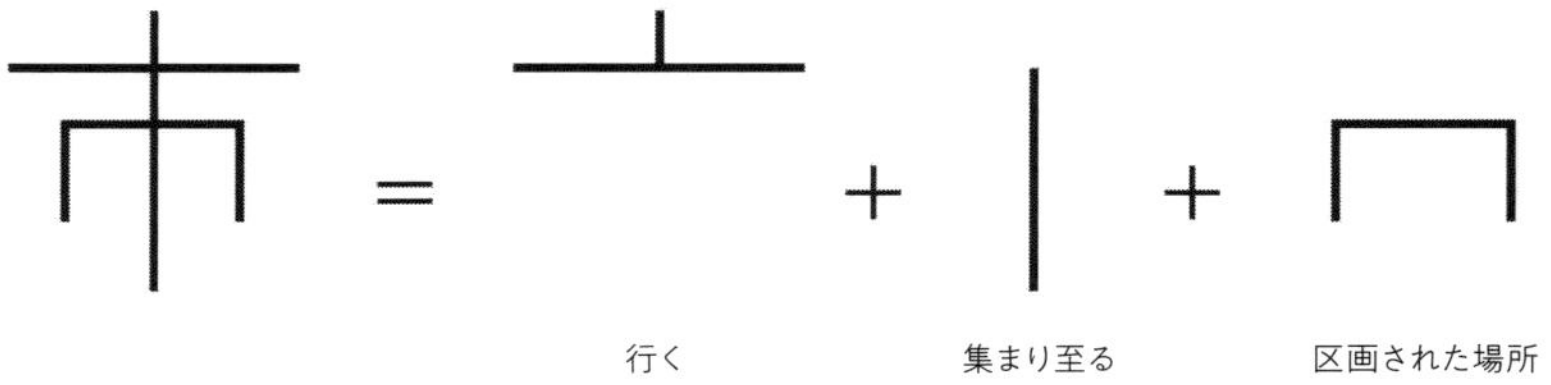

図3　市という漢字の成り立ち

変化してきた。

都市とマーケットの関係を言葉から考えてみると、日本語ではマーケットは「市」と呼ばれるが、市とは「まち、市街」という意味もあり、マーケットとまちに同じ漢字が使われている。市（いち）の語源は二つの説がある。一つめは「1のつく日」に起源があるとみる説である。1のつく日に集まって商いをしたということである。二つめは「イ（五・多い）」＋「チ（道）」を語源とする説で、「道が集まり、人の集まるところ」という起源である。[*1] また、漢字の成り立ちに着目すると、「行く」「集まり至る」「一定の区画された区域」を表す文字から成り立っている（図3）。市という言葉を通じて、日本ではマーケットがまちと同義であること、人が集まる場所であることと、捉えられていたことがわかる。

マーケットとマルシェの違いは？

現在、日本でマーケットを示す意味で使われる言葉として、前述の「市」に加えて「マーケット」「マルシェ」があるが、その使い分けは明らかではない。「マーケット」は英語の「market」であり、語源はラテン語の「mercātus」で、「人が集まって商売をする場所」の意味を持つ。

近年、日本におけるマーケットを指す名称に多用されている。「マルシェ」はフランス語の「marché」に由来し、ラテン語の語源は「market」と同じである。これは、2009年に行われた、農林水産省の「マルシェ・ジャポン・プロジェクト」（地産地消・産直緊急推進事業のうち仮設型直売システム普及事業）の影響が大きい（3章参照）。この事業で「マルシェ」という言葉が使われたことをきっかけに、助成を受け発足したマーケットが「〜マルシェ」と名乗ったこと、マーケット、市といった馴染みのある言葉ではなく、あえてフランス語語源のマルシェという言葉を使うことで、従来とは異なる、おしゃれなイメージを持たせようとする主催者の意図などから、定着していったと考えられる。マーケットに限らずスーパーマーケット、直売所、テレビショッピング、ショッピングセンターと、さまざまな商業施設で「マルシェ」が使われているのはそのためである。

本書では、海外でも広く一般的に使われる「マーケット」を採用した。また、本書では以下の条件を満たすものを「マーケット」と扱うことにする。

①屋外空間で売買が行われていること
②入場に制限がないこと
③仮設であること
④伝統的な祭り・フリーマーケットを除く

都市において人々が自由に訪問できる場所としてマーケットを捉えているため、入場料などの制限がつくものを除くために条件②を、キオスクなどの常設利用と区別し、仮設建築による一時利用を対象とするため条件③を、日常的な営みとしてのマーケットを捉えているため条件④を設定した。伝統的な祭りは商材も日常性が薄く、出店するテキヤは出店規準が不明瞭であり、[*2] フリーマーケットは一般の人が不用品処理を目的に出店する場として広がった経緯があるため、調査対象からは外した。

マーケットはイベントではない

以前、ブラジル人の友人に「あなたとマーケットの出会いは?」と質問をしたら、彼は少し驚いたような表情で「マーケットとの出会いなんてないよ。マーケットは生まれた時からそこにあるものだよ」と答えてくれた。これがマーケットに関する、世界と日本の認識の違いなのだと改めて感じた瞬間であった。

世界の多くの国では、マーケットはスーパーマーケットよりも身近な買い物の場であり、人々の日常の居場所として親しまれている。ヨーロッパの人々には、週末にマーケットに食材を買い出しに行く習慣がある。外食文化が発達し、日中は気温が高い東南アジアの都市では、毎日、大規模な夜市が開催されている。台湾や香港では、食事を夜市で済ませることも多く、キッチンがない家も一

台湾の夜市

タイの水上マーケット

般的に存在する。中東諸国のバザー(bazaar)は主に屋根のある常設マーケットで、バザーという言葉は地域の商売人、銀行員、職人のネットワークを意味することもある。タイなどで行われる、ボートを利用した水上マーケットは地元住民にも観光客にも人気がある。このように、気候や風土を反映した特色あるマーケットが世界中で開催され、マーケットは生活の一部、文化の一部になっている。

しかし、現在の日本において、マーケットは生活や文化として定着しておらず、「イベント」と捉えられることが多い。そのため、「マーケットが日常を豊かにする」ということがなかなか伝わりにくい。もちろん、イベントとして、集客や賑わい創出を目的としてマーケットを行うことも決して悪いことではない。マーケットは運営する人にも利用する人にも、わかりやすく、関わりやすいものだから、イベントとしての利用にも適している。ただ、マーケットの価値や可能性は一過性のイベントという枠を大きく超え、人々の営みに寄り添い、日常を豊かにする体験をもたらし、まちを変える可能性もある、ということを、本書ではお伝えしたい。

小さな要素の集合がまちに与えるインパクト

マーケットの形態には、小さな要素の集合であること、仮設であること、という二つの大きな特徴がある。これはロンドンで設計事務所に勤務していた当時、大規模建築の建設やトップダウン型

1人1人の出店者の集合でつくられるマーケット

の都市開発が、いかに経済に左右されるかを身をもって体験した私が、マーケットに惚れこんだ理由の一つでもある。

ロンドンのマーケットは100を越える店舗で構成されるものも少なくなく、複数の道路にまたがって開催されることもあるが、どんなに大きなマーケットであっても、それを構成しているのは1軒1軒の店舗であり、1人1人の出店者である。マーケットはそうした個店と個人の集合でできているのだ。

出店者は1人か2人で、車に荷物を積んでやってきて、与えられた敷地に荷卸しをして、持ってきたテントや棚を手際よく組み立てて、最後に商品を陳列する。10m^2にも満たない、小さなスペースにあっという間に一つの店舗が組み立てられる。店構えにその店の個性がよく出ている。たとえば、同じ野菜を扱う店でも、安さを売りにする店は単管パイプにビニールシートでつくった屋根の下に、山盛りになった野菜が所狭しと並んでいるが、

地域のニーズがビジュアル化されたマーケット

オーガニックや健康を売りにする店では落ち着いた色の既製品のテントの下に品よく野菜が陳列されている。

個々の店舗は地域のニーズを反映しているため、集まるとその地域の日常の営みがビジュアル化される。これがマーケットを訪れる楽しみの一つでもある。観光地としてマーケットが人気なのもこのためだ。

場所と運営のキャパシティがあれば、マーケットは拡大が可能で、出店者が出店するかしないかの判断の集積で、マーケットの規模は決まる。店舗数が地域のニーズに対して少なければ、出店者は増え、多ければ、売り上げがたたない店舗が出店をやめ減っていく。もし、地域に必要がなくなれば、マーケット自体が消失する。こうして、地域のニーズに合わせた規模に自然と定着する。

東京のマーケットでは、運営者がテントや販売什器をあらかじめ準備しているところも多いが、独立した主体の集まりであることに変わりはない。制度やしくみがあっても、マーケットはボトムアップで構成され、柔軟性を持ちつつ、個性が反映できる。それがマーケットの魅力であり強みでもある。

仮設空間の継続運営から生まれるコミュニティ

もう一つのマーケットの形態的な特徴は、特定の日時に現れる仮設空間であることである。マーケットの開催場所は道路、広場、私有地、寺社などさまざまだが、マーケット開催日と非開催日では、そこを利用する人の数や景色がまるで違う。

マーケットは仮設であり、規模はニーズに対応して変化し、レイアウトや開催場所を変えることも可能である。つまり、マーケットは育てていくことが可能だ。これは一度つくってしまうと、構成や規模を変えることが不可能な建築物とは大きく異なる。

たとえば、ショッピングモールでは、商業施設として大きな箱を用意し、区分けされた内部をテナントとして貸し出す。この時点で全テナントの総面積は決定しているし、区分けも決まっている。オープン当時は最適化された状態で賑わっていても、いずれ採算が合わなくなったなどの理由で店舗が撤退し、そこへ新しい店舗が入らないと、その場所は空いてしまう。地域の人口の変化、ニーズの変化、競合相手の出現、買い物習慣の変化など多くの店舗に影響を及ぼすことが起き、店舗の撤退が続くと施設自体の魅力が低下し、顧客が減少する。すると、採算が合わない店舗がさらに増える悪循環が生まれる。

近年、ショッピングモールの衰退が懸念されるようになっているが、ショッピングモールの本家アメリカでは、映像作家ダン・ベル氏が廃墟化したショッピングモールを撮影した「Dead Mall Series」という映像作品が注目を浴びている。Dead Mallは極端な例かもしれないが、日本でも、商業施設の衰退は多くのまちで課題になっている。現代のように、ニーズやトレンドの移り変わりの激しい都市状況において、仮設であることは、リスクを減らしながら都市を使い続ける、一つの適切な手法ではないか。

一方で、仮設であるということで、「一過性」の現象と捉えられてしまうかもしれない。マーケットがイベントと捉えられるのも、仮設性がその一因であるだろう。しかし、仮設であっても継続的に開催されることで、地域の人々の日常の一部となり、まちのイメージを変え、ロンドンでは地域の不動産価値にも影響するといわれている(5章参照)。

また、ロンドンでは、出店者は平均19年間、マーケットに出店している。[*3] 私たち日本人にとっては意外なほど長い印象を受けるが、出店者の大半がマーケットの収益のみで生計をたてるロンドンではこれがスタンダードなのだ。

ロンドンでの調査中、普段着を販売する洋服店1店舗しかないマーケットがあった。店主になぜここに出店しているのか尋ねると、彼はこう言った。「僕はここで20年以上店を出している。昔は、この道の向こうまでずっと店舗が並んでいたが、だんだんと減っていって、今は僕だけになっ

1店舗しかないロンドンのマーケット

た。カウンシル（ロンドンのマーケットを運営する自治体）には他のマーケットに移動するように言われるけど、そんなことはしたくない。僕はこの地域のお客さんを知っているし、お客さんも僕のことを知っている。だから僕はここにいる」。そんな会話をしている最中も、通りすがりの住民が彼に手を振っていた。たとえ、週に一度の出店であっても、彼にとっても、地域の住民にとっても、この場所に毎週彼の店が現れるということが生活の一部になっている。同じ出店者が継続的に出店することで、その土地に溶け込み、コミュニティを形成しているのだ。

　また、興味深いことに、必ずしも毎週開催されるマーケットでなくても、地域のイメージやコミュニティの形成に影響を与えうる。地元の人々が運営する東京の小石川マルシェは2009年より、年に2回、春と秋に開催されている（3章参照）。実際に訪れてみると、顧客から「小石川は〝マルシェがあるまち〟って定着してきた」という話が聞かれた。年に2回のマーケットがまちのイメージをつくれることは、年に一度開催される祭りなどと同じだ。

また、マーケットをきっかけに、出店者の農家がレストランに野菜を卸し始めたり、コラボレーション商品を企画したり、顧客がマーケットで知った店の常設店舗に通うようになる、といった効果もある。明確な目的を持って、それを達成するためのマーケットを開催すれば、年に数回のマーケットであっても、その日限りの賑わいを超えた日常への効果をもたらすことができる。重要なのは継続開催である。

また、毎週開催するマーケットでは近隣の住民が毎週顔を合わせ、挨拶、情報交換、安否確認を行うコミュニティの場となっている（5章参照）。これは仮設であり、開催日時が決まっているからこそ、成立している。常設店であれば、住民は自分の都合に合わせて店に行くので、他の住民と出くわすことも少ないだろう。開催日時が決まっているからこそ、人々が自然と集まる場となるのだ。

こうして、仮設空間であるマーケットを舞台にまちの中に好きな店ができ、人々が交流し、出来事が起こり、コミュニティが生まれていくのだ。

＊1　増井金典『日本語源広辞典』ミネルヴァ書房、2012
＊2　厚香苗『テキヤはどこからやってくるのか?—露天商いの現代を巡る』光文社、2014
＊3　London Development Agency, London's Retail Street Markets- Draft Final Report, 2010

2章

まちに根づいたロンドンのマーケット

ロンドンのマーケットの歴史と現在

本章では、マーケットの研究をするきっかけをくれたロンドンのマーケットを紹介する。ロンドンは日本と同様、歴史的に道路が商業、交流の場としての役割を果たしてきた。日本では戦後、街路市は減少したが、ロンドンのマーケットは現在も、道路で開催されるのが一般的である。

地中海都市など比較的気候に恵まれた都市では、マーケットに限らず、オープンカフェなど、屋外空間の利用が活発だ。一方、ロンドンは雨が多く、冬は日照時間も短く、屋外活動に快適な期間は短い。また、東京、ロンドンとも商業活動がさかんな大都市であり、他の商業形態とマーケットが併存していることも共通している。

テムズ川のほとりの小さなまちとして成立した頃から、ロンドンにはマーケットが存在したといわれている。中世には国外の商品が取り扱われるようになり、1900年頃には6万の出店者がいたとされている。1927年になると、市議会により、マーケットに関する法令が整備され、マーケットを開くには市に営業許可を取ることが定められた。[*1] こうして今日、ロンドンでは地域の実情に合わせ、規模や取り扱う商品の異なる、さまざまなタイプのマーケットが開催されている。

また、マーケットの出店から成長した企業もある。イギリス最大級のスーパーマーケットチェーン「テスコ（TESCO）」もその一つである。テスコは1919年に創業者のジャック・コーヘンがイーストロンドンのマーケットで軍の払い下げ品を販売したことから始まり、1931年に常設店を構え、現在ではイギリス国内で3400店舗、海外12カ国にも店舗を持つ企業へと成長した。[*2]

また、ロンドンらしい独立専門店にも、マーケット発祥の店がある。ウエストロンドンで65年営業し続けている老舗のボタン専門店「ボタン・クイーン（The Button Queen）」は、「ポートベロー・ロード・マーケット（Portobello Road Market）」で創業した。現在は18世紀のコレクションから、ロンドンの歴史を伝えるボタンまで5000種類のボタンを販売する、国内屈指のボタン専門店となった。こうした大企業、有名店に発展した例以外にも、マーケットを前身とした常設店は数多い。

Streetは道路だけじゃない

ヨーロッパ諸国では広場で開催されることが多いマーケットだが、ロンドンでは歴史的に道路で開催されてきた。自治体によって運営される一般的なマーケットは「street market（ストリート・マーケット）」と呼ばれる。数は少ないが、広場で開催されるマーケットも「street market」と呼ばれている。「street」と言えば、日本では道路をイメージしがちであるが、英語では道路に限らず、広く、人々が自由に使える外部空間を指す。たとえば「street culture」「street art」「street gang」「street performance」といった言葉も同様に、道路に限らず、広場や空き地、高架下や駅、公園などさまざまな公共空間で起こる活動を指して使われる。また「street」は、その沿道に住む人や使う人を意味することもある。類語の「road」がまちとまちをつなぐ道路に使われるのに対し、「street」はまちの中で、人々やアクティビティの存在がイメージされる空間に用いられる。

ロンドンのマーケット運営について規定しているロンドン自治法では、「street」を「恒久的に閉じられていない、人々が無料で入れる土地で、道路や歩道から7m以内に存在するすべての場所」と定義している。つまり、道路や歩道に面し、無料で入れる広場（square）も「street」に該当し、道路で開催されるマーケットと同様の規定が適用される。

空間のデザインも、歩道と広場の舗装を統一し、段差を設けないようにするなど、道路と広場の一体的な活用が工夫されている。また、道路の端部を恒久的に車両通行止めにし、歩行者専用の広場的な空間が道路につくられることもある。このようにイギリスでは、「street」とは交通のための道路だけではなく、人々の自由な活動の場であると認識されている。

一方、鍵を持った周辺住民のみが入れる広場は、たとえ道路に面していても、人々が自由に立ち入れる場ではないため、「street」とは認識されない。つまり、「street」であるかどうかは、立地、アクセスにおいて公共性があるかどうかで判断される。この認識こそが、ロンドンの道路を面白くしている。

法律で定められているマーケットの運営

ロンドン市(Greater London Authority、GLA)は、シティ・オブ・ロンドン自治体(City of London Corporation)と32のカウンシルという自治区(London Borough Council)から構成されている。区は地方行政サービスを担い、ロンドンのマーケットの大半は、この各区が管理・運営している。

行政が運営するマーケットは公有地で開催され、市が発行するロンドン自治法（London Local Authorities Act 1990）により規定が定められている。都市部であるインナーロンドンだけでも区が運営するマーケットが2012年時点で45カ所ある（図1）。通行止めをした道路、歩道、車道上にある駐車場など、設置場所の状況に応じて多様だ。

ロンドン自治法にはマーケット運営者である区が、道路をマーケットに指定する手順および出店者が出店する手順が具体的に示されている（図2）。

まず、行政がマーケットに使用する道路を指定するには、区議会での承認、警察や住民への公示が必要とされる。区の職員にインタビューしたところ、道路利用に対する警察の介入はほとんどなく、通常、道路の指定は問題なく行われるそうだ。ロンドン警視庁はロンドン市長公安室が管轄しており、ロンドン市の組織の一部である。後述する通り、マーケットは市長自ら推進しており、ロ

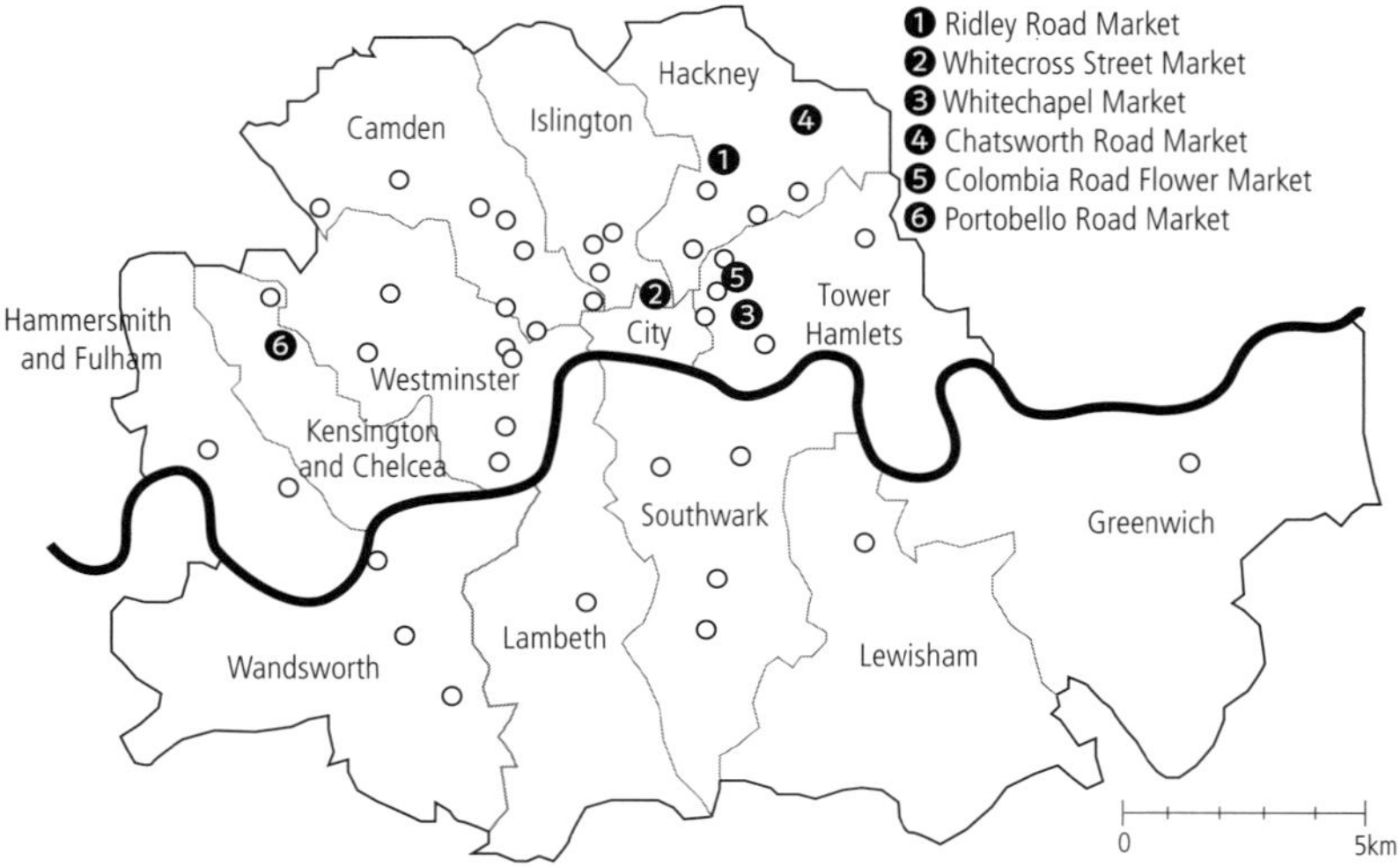

図1　ロンドンの自治体が運営するマーケットの分布（❶～❻が本書で取り上げるマーケット）

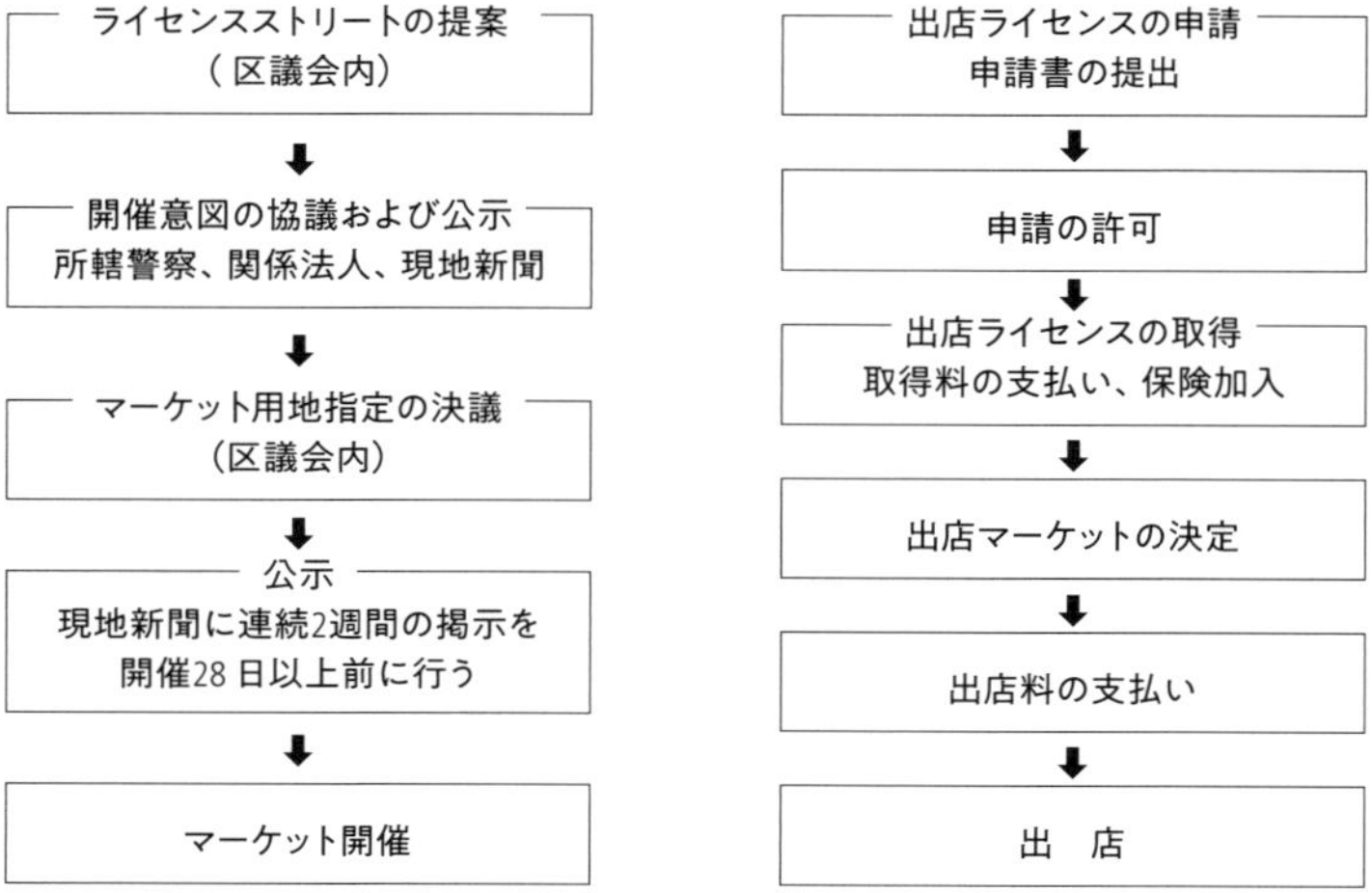

図2　ロンドンの自治体運営のマーケットの開催プロセス（左）、出店者の出店プロセス（右）

ンドン警視庁からの反発は少ない。道路利用が活発な諸外国では類似の形式がとられている。これが、警察との協議が道路利用の大きなハードルとなる日本との大きな違いである。

また、ロンドン自治法では違反行為による出店ライセンスの剥奪など、現場での運営方法についても規定されている。この規定に従い、区の職員であるマーケットオフィサーが現場をとり仕切る。異なる区の職員数名にインタビューしたが、彼らがマーケットの地域への影響を理解し、誇りを持ち運営していることが印象的だった。搬出入時には車の移動を仕切り、巡回中に小さな問題を解決していく姿は堂々としていて頼もしい。ある職員は「まちのことをよくわかっている自分たちが運営することに意味がある」と語り、別の職員は「マーケットは都市のインフラとして多くの人の生活を支えるため、行政が運営する必要がある」と語ってくれた。ロンドンのマーケットが魅力的であり続ける理由の一つは、こうした現場の職員のモチベーションの高さによるのではないだろうか。

出店者の出店方法についても、同じく、ロンドン自治法で規定され、ライセンスの取得が義務づけられている。出店申し込みは各区ごとに詳細が設定されるが、販売品目や価格などの出店計画、個人情報を申請書に記載し、申請を行った後、面接が行われ、出店マーケットが決定される。ライセンスの取得に50ポンド（約7500円）程度、出店料は1日10〜40ポンド（約1500〜6500円）程度で、保険の加入が義務づけられている。食品を扱う場合は食品法（The Food Act 1984）に規定されたライセンスを別途取得する必要がある。17歳以上のイギリス人、あるいはイギリスで働くビザを持つ人であれば、誰でも申請可能で、単発でも出店することができる。

新たなトレンド、ファーマーズマーケットの拡大

ロンドンでは、古くから定期開催されるマーケットの多くは自治体が運営しているが、民間事業者が運営するマーケットもあり、特にオーガニックやこだわりの商品など高品質で比較的価格帯の高い商品を提供するマーケットが近年、人気を集めている。

民間事業者が運営するマーケットは、主に駐車場、学校、教会などで開催され、なかには自治体の許可を得て道路で開催されるマーケットもある。駐車場や学校など面的に広がる空間で開催されるマーケットでは、中央にベンチやテーブルが設置され、来場者の滞在場所が確保されている点が、道路を利用した線的なマーケットとの違いである。また、自治体が運営する人気のマーケットの近くで、同じ曜日・時間帯に私有地を利用した民間運営のマーケットが開かれることも多く、複数のマーケットが同時開催されることで、エリア全体を盛り上げる効果がある。

民間事業者のマーケットはその場所の所有者が運営する場合が多いが、ロンドンのファーマーズマーケットの先駆けとして1999年に発足した会社ロンドン・ファーマーズマーケット（London Farmers' Markets Ltd、LFM）は現在、市内で20のマーケットを運営している。

ファーマーズマーケットとは生産者が直接、農作物や加工品を販売するマーケットを意味する。

ロンドンでファーマーズマーケットの名称を使うマーケットは多いが、LFMでは、出店者に明確な基準を設けているのが特徴だ。出店者は生産者であることが条件とされ、販売できる商品はすべてロンドン近郊（ロンドンの周囲をつなぐ環状高速道路M25から100マイル以内）で生産されたものと決められている。また、食品ごとに詳細な基準が定められている。たとえば卵であれば、鶏は牧草地に定期的に放牧され、室内を自由に動ける環境で飼育されなければならず、卵の採取日を明記することが定められている。こうした明確な基準が、食の安全に対する意識の高い層に支持され、中産階級が多く住む地域でLFMが運営するファーマーズマーケットが拡大している。

地域のニーズに対応したマーケット

ロンドンのマーケットは地域のニーズを反映しながら、多様な人々の日常に密着している。ロンドン中でマーケットが開催されているため、どこに住んでも、どこで働いても、身近にマーケットがある。私自身、土曜日の朝にカリビアンフードの香りが漂うマーケットが開催される道路沿いに住み、職場のそばにも、ランチを販売するマーケットがあった。平日でも週末でも、オフィス街でも住宅街でも、道路が特定の日時にマーケットに変わる。それはロンドンに暮らす人々にとって日常である。ここでは具体的なマーケットを六つのタイプ別に紹介したい。

case1

住宅街の生活基盤型

Ridley Road Market

空間タイプ ▶ 道路（車両通行止め）
住　　所 ▶ Ridley Road, London
最 寄 駅 ▶ ダルストンキングスランド
店 舗 数 ▶ 150店舗
開催日時 ▶ 月～木曜9：30 ～ 17：00、金～土曜9：00 ～ 18：00
面積／距離 ▶ 230m
運 営 者 ▶ ハックニー区
開 始 年 ▶ 1880年代後半

住宅街では、生活に欠かせない食品や日用品を販売するマーケットが開かれる。「リドリー・ロード・マーケット(Ridley Road Market)」はイーストロンドン、ハックニー区にある。1880年代後半に20店舗ほどで始まったマーケットは現在、150以上の店舗が並ぶ、地域で最も賑わいのある場所になっている。

車両通行止めした道路で、日曜日と祝日を除き、朝から夕方まで開催されている。多国籍な移民が暮らす地域性を反映し、マーケットにはアジア、ヨーロッパ、アフリカなどさまざまな国の商品が並び、レゲエ音楽が流れ、活気に満ちている。かごに山盛りになった野菜や果物が店舗に所狭しと並び、「1かご1ポンド!」といった威勢のいい店員の声が聞こえてくる。

この地域は低所得者層が多く、彼らの多くはスーパーマーケットより低価格で食品や日用品を販売するマーケットで好んで買い物をする。ロンドンでは、移民など多様な人々の食べ物のニーズに応える場、また低所得者層が安価に野菜を購入できる場としてマーケットが重要な役割を担っている。

食品や日用品の店が集まるリドリー・ロード・マーケット

道路上で買い物をすることは日常

case2

オフィス街のランチ提供型

Whitecross Street Market

空間タイプ ▶ 道路（車両通行止め）
住　　　所 ▶ Whitecross Street, London
最 寄 駅 ▶ バービカン
店 舗 数 ▶ 50店舗
開催日時 ▶ 月～金曜10：00 ～ 17：00
面積／距離 ▶ 96m
運 営 者 ▶ イズリントン区
開 始 年 ▶ 1650年頃

オフィス街ではオフィスワーカーをターゲットとしたランチを主に販売するマーケットが、平日のランチタイムに現れる。

「ホワイトクロス・ストリート・マーケット（Whitecross Street Market）」は、月曜日から金曜日まで開催され、世界各国の料理を販売する50店舗ほどが出店する。オフィス街ではランチの選択肢が少ないことが多いが、ここに来れば、毎日違うできたての料理を購入することができる。イズリントン区にあり、ヨーロッパ最大の文化施設バービカン・センターにほど近く、オリジナルの看板や什器を使ったおしゃれな店構えの店舗も多い。

区が発表している開催時間は午前10時から午後5時だが、多くの店舗は午前11時頃から午後3時頃までのランチタイムのみ営業する。ロンドンのマーケットは区に指定された時間中営業している

ランチタイムにオフィスワーカーたちで賑わうホワイトクロス・ストリート・マーケット

非開催日の様子

とは限らないので、訪れる際は注意したい。

現在は文化的なイメージとビジネス街が混在する洗練されたエリアだが、大規模な刑務所が建てられた19世紀頃のマーケットはみすぼらしかったようだ。地域の変化に伴って、マーケットもそのニーズに呼応しながら変化を遂げている。

case3

コミュニティの居場所型

Whitechapel Market

空間タイプ ▶ 歩道
住　　所 ▶ Whitechapel Road, London
最 寄 駅 ▶ ホワイトチャペル
店 舗 数 ▶ 110店舗
開催日時 ▶ 月〜土曜8：00 〜 18：00
面積／距離 ▶ 450m
運 営 者 ▶ タワーハムレッツ区
開 始 年 ▶ 1904年

ロンドンは、世界中からの移民が暮らすコスモポリタンなまち。市内には特定の移民が多く住むエリアがあり、地域のニーズに合わせたマーケットが彼らの日常を支えている。

100年以上の歴史を持つ「ホワイトチャペル・マーケット(Whitechapel Market)」は地域の社会的・経済的中心として、住民の居場所を提供している。タワーハムレッツ区にあり、日曜日を除き毎日、朝8時から午後6時まで、4車線道路に沿った幅員の広い歩道上に110店舗が並ぶ。

店舗の多くは鉄パイプで組み立てた骨組みにビニールシートをかけてつくられ、骨組みは商品を吊るす用途にも使われている。

周辺は昔から移民が多い地域で、現在はバングラデシュ人が多く暮らしている。バングラデシュ人の多くはイスラム教徒で、色とりどりのスカーフを売る店舗が軒を連ね、スカーフをまとった

バングラデシュ人向けのスカーフ店が軒を連ねるホワイトチャペル・マーケット

非開催日の様子

女性たちが行き交う姿を見ると、ここがロンドンであることを忘れてしまいそうになる。ほかにも、食材や衣料品から国際電話カードまで、彼らの暮らしに必要なアイテムが揃う。異国情緒漂うマーケットが伸びる通りの先には、金融街シティの高層ビルがそびえ、そのギャップがロンドンらしい。

case4

中産階級の生活充実型

Chatsworth Road Market

空間タイプ ▶	歩道
住所 ▶	Chatsworth Road, London
最寄駅 ▶	クラプトン
店舗数 ▶	50店舗
開催日時 ▶	日曜11：00 ～ 16：00
面積／距離 ▶	250m
運営者 ▶	ハックニー区
開始年 ▶	2011年（再開）

近年、オーガニックフードや輸入食材、雑貨などを扱うマーケットが人気だ。周辺にはおしゃれなカフェやパブも多く、マーケットで買い物をした後にお茶やお酒を楽しみながら、ゆったりとした休日を過ごす。もともと中産階級が多いウエストロンドンやノースロンドンはもちろん、かつては治安が悪かったイーストロンドン、サウスロンドンにも、こういったマーケットが増えてきた。

イーストロンドンのハックニー区のチャッツワース通り周辺は、以前は夜に女性1人で歩けない危険な地域だったが、「チャッツワース・ロード・マーケット（Chatsworth Road Market）」ができたことで、地域の雰囲気が変わった。

1930年代には200店舗が並ぶマーケットだったが、1990年に店舗数の減少により一度閉鎖された。2011年に出店者と住民による団体と区が共同で再開した。

マーケットの開催でエリアの価値が上がったチャッツワース・ロード・マーケット

非開催日の様子

毎週日曜日、50店舗ほどが出店し、パンやスペイン産ハムなどが上品に陳列される。沿道のカフェのオープンテラスは親子連れや若いカップルの姿で賑わう。店舗が集積し、中産階級が流入するようなったこのエリアでは、地価が上昇し、マーケットには以前から住む住民が買えない高級品が並ぶようになり、批判も起きている。[*3]

case5

専門特化型

Colombia Road Flower Market

空間タイプ	▶ 道路（車両通行止め）
住　　所	▶ Colombia Road, London
最寄駅	▶ ホクストン
店舗数	▶ 50店舗
開催日時	▶ 日曜8：00 ～ 14：00
面積／距離	▶ 125m
運営者	▶ タワーハムレッツ区
開始年	▶ 1900年代

ロンドンのマーケットには、生活に密着した商材を扱うマーケット以外に、絵画、花、骨董などの商品を専門に扱うマーケットが存在する。

「Colombia Road Flower Market（コロンビア・ロード・フラワー・マーケット）」は毎週日曜日に開催される花専門のマーケットである。50店舗の花屋が道路に2列に並び、普段は平凡な道路が花と人で溢れる空間に変わる。タワーハムレッツ区にあり、感度の高い若者やデザイン系の会社が集まるショーディッチ・エリアにほど近い。

花はイギリス文化の一つでもあり、食卓に切り花を飾り、ガーデニングを楽しむイギリス人は多い。そんな彼らに大人気のマーケットで、雨の日でも、いつも多くの人で賑わっている。

マーケットが立地する通り沿いには、カフェやパブ、アートギャラリー、アンティークショップが60店舗ほど並ぶ。また、ストリートカルチャー

色鮮やかな花が道路を埋めつくすコロンビア・ロード・フラワー・マーケット

非開催日の様子

が盛んなエリアでもあり、グラフィティなどのストリートアートが通りを彩る。何も予定のない週末には、お気に入りの花を買って、沿道の店をのぞいて、ストリートアートを楽しみ、買ってきた花を家で飾るだけで、ハッピーな1日を過ごせそうだ。

観光資源型

Portobello Road Market

空間タイプ ▶ 道路（車両通行止め）
住　　所 ▶ Portobello Road, London
最 寄 駅 ▶ ノッティングヒルゲイト
店 舗 数 ▶ 300店舗
開催日時 ▶ 月～水曜9:00 ～ 18:00、木曜9:00 ～ 13:00、金～土曜9:00 ～ 19:00
面積／距離 ▶ 940m
運 営 者 ▶ ケンジントン・アンド・チェルシー区
開 始 年 ▶ 1850年代

ロンドンで最も有名なマーケットの一つであり、観光客にも人気があるのが、映画「ノッティングヒルの恋人」（１９９９年）の舞台としても知られる「ポートベロー・ロード・マーケット(Portobello Road Market)」だ。

ウエストロンドン、ケンジントン・アンド・チェルシー区の高級ブティックやカフェが並ぶ高級住宅街にあり、１５０年以上の歴史を持つ。カラフルな外壁のテラスハウスが特徴的な街並みの中でマーケットが開かれる。近年では中南米からの移民が増えている地域でもある。

日曜日以外、毎日マーケットが開催されているが、曜日によって扱う商材や開催規模が異なる。月曜日から木曜日までは果物や野菜、日用品を扱う地元住民向けのマーケットが開かれ、金曜日は規模が拡大し、チーズやオリーブオイル、マッシュルームなどの良質な食材が揃う。土曜日に

観光客にも地元の人にも人気の高いポートベロー・ロード・マーケット

非開催日の様子

はアンティークを扱う店舗も多く出店し最大規模となり、観光客で賑わう。観光客に人気の高いアンティークの店が並ぶエリアを抜けると、地元の人が訪れる、野菜や果物、日用品を販売する店舗が現われる。観光資源になっているマーケットであっても、地元の人にとっても欠かせない生活の場になっている。

ロンドン市の都市戦略にも位置づけられるマーケット

ロンドンでマーケットが都市に与える影響が注目されるようになったのは、2005年にマーケットの経済効果を計る大規模な調査が行われてからである。シンクタンクのニュー・エコノミック・ファンデーション（New Economic Foundation）が実施した調査を元に、当時のケン・リヴィングストン市長と市長代理機関であるロンドン開発公社が発行した報告書では、経済効果を雇用者数、消費総額、周辺への波及効果といった具体的なデータで示した。この調査によって、今まで着目されなかった、マーケットの経済効果が明らかにされた。[*4]

2008年には、ロンドンのマーケットの全体像を把握することを目的として、ロンドン全域のマーケットを対象とする調査が行われ、数、規模、開催場所、運営者などの実態を明らかにした報告書が市議会より発行された。この調査では、来場者と出店者へのインタビューから、コミュニティ形成や生活の質の向上といった、マーケットの効果が述べられた。また、ロンドンのマーケットの現状として、ファーマーズマーケットや専門市（クラフトマーケットなど）といった新しいタイプのマーケットが増えている一方で、日用品や生鮮食品を扱う、伝統的なマーケットの中には来場者や出店者数が減少しているところもあることが指摘された。[*5]

２０１０年には、再びロンドン開発公社による調査報告が発行され、マーケットの周辺店舗に与える波及効果として、来場者はマーケットで1ポンド使うと、周辺の店舗等でも平均1・7ポンド消費しているという調査結果が発表された。[*6]

このように、近年の調査・研究によって、マーケットの価値が明らかになると、ロンドンでは、マーケットが都市戦略として位置づけられるようになった。ロンドンでは２００４年以降数年おきに、空間開発戦略「ロンドン・プラン（The London Plan）」が発行されている。２００４年の初版にはマーケットに関する記述がなかったが、２００５年の大規模調査後の２００８年版ロンドン・プランには、マーケットが多様な市民の食生活の要求に応える場であること、中心市街地の活力の向上に寄与することが記されている。さらに２０１１年版には、国内外から人を集める観光資源としての効果も追加されている。ちなみに、２００８年版のロンドン・プランは労働党のケン・リヴィングストン市長によって、２０１１年版と２０１６年版は保守党のボリス・ジョンソン市長によって発行されており、市長、党派を超えて、マーケットは都市戦略として位置づけられている。[*7] マーケットを運営する自治体はロンドン・プランに沿って、地域開発のフレームワーク（Local Development Framework）を策定しており、その中でマーケットを強化する政策も実施されている。

さらに、市の取り組みは拡大を続け、２０１７年にはサディック・カーン市長によって、ロンドン市長の諮問機関としてマーケットやビジネスの専門家による「ロンドン・マーケット・ボード（London Market Board）」が組織された。同年、市長により「ロンドンのマーケットについての理解（Understanding London's Markets）」が発行され、ロンドンの生活の一部であるマーケットは地域コミュニティの中心であり、経済、社会、環境などさまざまな利益をもたらすと強調している。[*8] ２０１９年にはロンドン市と公共空間活用を支援するアメリカの「プロジェクト・フォー・パブリック・スペース（Project for Public Space）」の共催で、マーケット国際会議が予定されている。

＊1 Phil Harris, London Markets, Gadogan Guides, 1996
＊2 Tim Clark, "A history of Tesco, The rise of Britain's biggest supermarket", Telegraph, 2008
＊3 Mina Holland, Chatsworth Road the frontline of Hackney's gentrification, The Observer (website), 2012
＊4 London Development Agency, Mayor of London, London Food, Trading Places: The Local Economic Impact of Street Produce And Farmers Markets London, 2005
＊5 London Assembly Economic Development, Culture, Sport and Tourism Committee, London's Street Markets, 2008
＊6 London Development Agency, London's Retail Street Markets- Draft Final Report, 2010
＊7 London Plan, Mayor of London, 2004, 2008, 2011, 2016
＊8 Understanding London's Markets, Mayor of London, 2017

INTERVIEW

アジア×マーケット

生産・流通・消費をつなぐ都市の結節点

中村 航（建築家）

制度と自由のバランスで成り立つアジアのマーケット

鈴木 まず、中村さんとマーケットとの出会いについて教えて下さい。

中村 早稲田大学の古谷研究室でアジアの高度都市を研究するゼミに入ったのがきっかけで、毎年アジアに調査に行くようになりました。ある時訪れたタイのスラム街に、住居やインフラはめちゃくちゃな環境なのに小さなマーケットがあって、食べ物や日用品を売っている。道端に床屋がいたり、ゲームセンターとコインランドリーが同居していたりして、子どもも多く、スラムであってもまち全体として経済行為が不思議と成り立っていたのが印象的でした。もともと都市の商業を面白いと思っていたこともあって、マーケットに注目し始め、その後タイやマレーシア等、東南アジアのストリートの屋台にフォーカスを当て博士論文にまとめました。

鈴木　欧米や日本のマーケットは一定の制度の下で開催されています。一方、アジアのマーケットは「混沌」とした魅力がある。この混沌の中でマーケットがうまくバランスして成立する秘訣は何でしょうか？

中村　アジアの国でもマーケットを成立させる制度は一応あります。ただ、制度の実行力の強さが違う。

たとえば台湾は、制度と自由のバランスがうまくいっている都市です。昔は至るところにあったマーケットを、1950年代末より政府が公有市場へと整理し始めました。でも、公有市場に収容されたくない出店者も多かった。いつもと同じ道や広場に店が出て、そこに人が集まることがマーケットの本質です。つまり自然発生的なものの定着がマーケット化する。自然に根づいた「人々の習慣」にこそ価値があるのに、場所を移動したらゼロからのスタートになるわけだから、反発するのもよく理解できます。うまく移設した場所もあれば、公有市場に入る出店者が少なく放置されたところもあります。それで道路やアーケード、広場、路地など、それまでマーケットが開催されてきた公共空間を選んで、準公有市場として認可するという流れになりました。実は、正式に許可されていない違法市場もたくさんあるのですが、公有市場とそれ以外のマーケットが混在するしくみが生まれ、まちの個性にもなっています。結局、30年かけてもマーケットの整理は上手くいかず、1980年代後半にはマーケット（攤販集中場）を観光化する政策に方向転換しています。[*1]

鈴木　私も先日、台湾のマーケットを見てきたのですが、朝市と夜市で全然違いますよね。

中村　朝市と夜市はシステムも違っています。朝市は1日限りで出店者の場所が変わるけど、夜市は毎日同じ場所に同じ出店者が店を出している。朝市に店を出す人たちの間で、明日どこどこの場所が空いているといった不動産情報がラインで出回ったりして、ブローカーみたいな人が仲介したり斡旋したりしています。

鈴木　ラインで出回るというのが現代的で、非公式の情報ネットワークですね。朝市と夜市では、扱う商材にも違いがありました。朝市は生鮮食品や雑貨など生活必需品を扱う、日常の買い物をするマーケットという感じで、夜市は食事と子ども向けのパチンコなどのゲームが多くて、縁日に近い感じもしました。

中村　客層も朝と夜で分かれていて、朝は主婦や老人、夜は学校や仕事帰りの人が多い。朝市の出店者はカゴを売る人、漬物を売る人といった具合に専門店化されています。なので、同じ朝市に毎日出店するより日替わりで別の場所に行く方が、出店者、場所のオーナー、消費者の皆に都合がいいわけです。夜は飲食がメインなので設備も必要で、だいたい固定の場所を月単位で契約して出店しています。台湾ほどシステムが定着しているところは少ないですが、どこの国でも似たような傾向がありますね。

タフな環境で開催されるマーケットの設え

鈴木　アジアのマーケットは欧米や日本のマーケットに比べてタフな環境で開催されています。気候が暑かったり、道が舗装されていなかったり、衛生設備が整っていなかったり、違法だったり。それでも、なんとか営業している。過酷な環境下で成立させる設えの工夫はありますか？

タイ・アユタヤ近郊のマーケットの設え

中村　暑い地域が多いので、日差しを避けるためにパラソルはほぼ100%皆が持っています。雨の時もさっと広げられて便利です。水道がないところで営業している飲食店では、水を張った樽を5個くらい並べて、汚い水の樽から順にきれいな水の樽につけていって食器を洗うシステムが多い。違法出店者は取り締まりが来たらすぐ逃げられる工夫をしています。ワゴンに載せたまま販売して、そのままワゴンを引いて逃げたり、スーツケースを開いて商品を並べ、さっと閉じて逃げたり。

鈴木　設えの工夫もマーケットの面白さの一つですよね。アジアのマーケットといえば飲食店が多いですが、その特徴について教えて下さい。

中村　建物の中で飲食店を営業している店舗も、屋台を厨房代わりにして調理することが多い。厨房をつくるにはコストもかかるし、外で調理すれば換気扇などもいらないから。道路に面して厨房を出すので、何をつくっているかが一目でわかるし、匂いや調理人も含めて、人を呼び込む要素にもなっています。一方、店舗内には熱源を持ち込まず、空調を効かして快適な空間で食事ができるようにしている。暑い国ではそれもお客さんに喜ばれるサービスの一つです。

鈴木　確かに、アジアの店舗では「エアコン効いています」という張り紙をしていたりしますよね。これまでいろいろなアジアの国でマーケットを見てこられたなかで、印象的なマーケットを教えてください。

中村　マレーシアのクアラルンプールにある「ジャラン・アロー」は、4車線の道を挟んで飲食店が並ぶ有名な屋台街ですが、夜になると店がどんどん道路に拡張しテーブルや椅子で埋め尽くされ、最後は車が1台やっと通れるくらいまで道路が占拠され、大変な賑わいになります。この通りの店舗前には幅10mくらいの屋台スペースがあり、そのエリアは政府に出店が認められていますが、おそらく道路に出るのは認められていないはずです。でもガンガン出ちゃっています。

あと、台湾の「寧夏夜市」は、毎日夕方になると周辺から屋台が一斉に出てきて、30分くらいの間に一気にマーケットが出現します。中心は飲食屋台ですが、その周りに物販やファッションのマーケットも出店します。

よく観察すると、道路の幅や形、交通量、来場者の年齢層、食材などを仕入れる業務用マーケットとの位置関係など、各都市の中でもマーケットにいろいろなバリエーションがあるのが面白いんです。

鈴木　マーケットは観光資源と日常の営みが密

マレーシア・クアラルンプールのジャラン・アロー、夜（上）と朝（下）

接に結びついている珍しい例だと思います。観光地は一般的に、美術館やランドマークなど、非日常の場所であることが多いので。

中村　そう、マーケットではその地域の日常の営みがグラフィカルに滲みでていて、それが都市ごとに違う。見せるためにつくっているものではなく、その場所で定着している文化や習慣が自然と見える場所、つまり本当の「ローカル」を体験できる場所ですよね。

鈴木　最近は、観光客にも、訪れた地域の日常を知りたいというニーズは高まっていますしね。

都市の結節点としてのマーケット

鈴木　今後、日本でマーケットが日常に根づいていく上で必要なことは何だと思いますか？

中村　日本は土地の意識が強すぎて、私有地には他人は口を出せないし、公有地は厳しい規制がかかる。最近は規制緩和が進み、行政マンでも理解のある人が増えているので、行政が専門家を巻き込んで制度を変えていけるといいですね。たとえば、もう少し通りを解放してほしいし、普段は普通の店を営んでいる人がたまに広場に出張してきてもいい。まちの店との共存も一つの課題だと思います。

鈴木　中村さんも私も建築家ですが、建築家はマーケットの研究や運営に向いているのではないかと個人的には思っています。そもそもマーケットでは、個々の店舗や全体のレイアウト、装飾などで空間をつくっていきますし、制度や利用者のニーズなど複合的な要素を統括して考えなくてはなりません。多様な主体の関係性や要望をまとめて一つのものをつくる建築家の職能とも一致している気がします。

中村　ここ10年くらいで建築家の職能も変わっ

てきましたよね。ただ建築を設計するのではなく、運営、経営、企業戦略まで考えなければならない。領域が広がり自由になった結果、いろんなものがつながって、社会が統合に向かっています。最近、うちの事務所には屋台の設計とか、余った床の使い方とか、今までにない宿泊施設とか、建築をつくらないで場所をつくるとか、少し変わった仕事の依頼がきます。そういう状況は面白いですよね。

鈴木　最後に、中村さんにとってマーケットとは？

中村　都市の中で、最もその場所のローカリティが表出する場所。人間の暮らしは衣食住と言われるけれど、都市の中で考えてみると、ものをつくったり考えたり商品化する人、それを売ったり広めたりする人、それを買って生活する人がいます。一次・二次・三次産業に携わる人々がいて、その全員が消費者でもある。それらの物理的な「接点」を持ちうる場がマーケットであり、それは都市の起源でもある。現代の都市生活の中でいったん分断された「生産・流通・消費」の関係が、近年さまざまな場所で開催されるマーケットによって、再び結びつけられた。つまり、ようやく本来の都市の姿に戻ってきたように感じます。「市」から生まれた都市の原点回帰ですね。

＊1　白佐立「戦後台北市における露店管理と市場――公有市場から攤販集中場へ」日本建築学会大会学術講演梗概集、２０１５

中村 航
建築家、株式会社 Mosaic Design 代表取締役。1978年生まれ。日本大学理工学部建築学科卒業、早稲田大学大学院修了、東京大学大学院工学系研究科建築学専攻助教。博士(建築学)。2011年 Mosaic Design を設立。著書に『POP URBANISM 屋台・マーケットがつくる都市』。

3章

東京で始まった新しいスタイルのマーケット

マーケットは海外からの輸入じゃない

マーケットについて話をすると、海外で流行しているおしゃれなものを日本でも取り入れようとしている、と捉えられることがある。この認識は大きな間違いである。

まず、マーケットは必ずしもおしゃれである必要はない。マーケットというとヨーロッパの洗練されたマーケットをイメージしがちだが、マーケットは世界中にあり、生活の必然性から生まれた場であることが多い。ロンドンにも、2章でお伝えした通り、低所得者層が多い地域、移民が多い地域には、それぞれ彼らの居場所としてのマーケットがあり、マーケットは社会的弱者を支え、社会課題を解決するセーフティーネットとしての役割も担ってきた。

また、かつては日本でも「市《いち》」としてマーケットが親しまれ、特に街路で開催される街路市は日本中にあった（1章参照）。しかし、第二次世界大戦後に転機が訪れる。戦後、深刻な物不足に陥った日本では、政府による食料品や日用品の流通だけでは人々は生活することができず、違法な商品の取引を行う闇市が全国に広まった。その多くが路上で仮設の店舗を運営していた。戦後復興を支えた闇市であったが、衛生面や治安などの理由から、1946年8月1日、全国一斉に取り締まりが行われ、さらに、1949年、GHQの露店撤廃令により路上の店舗は撤去するよう命じら

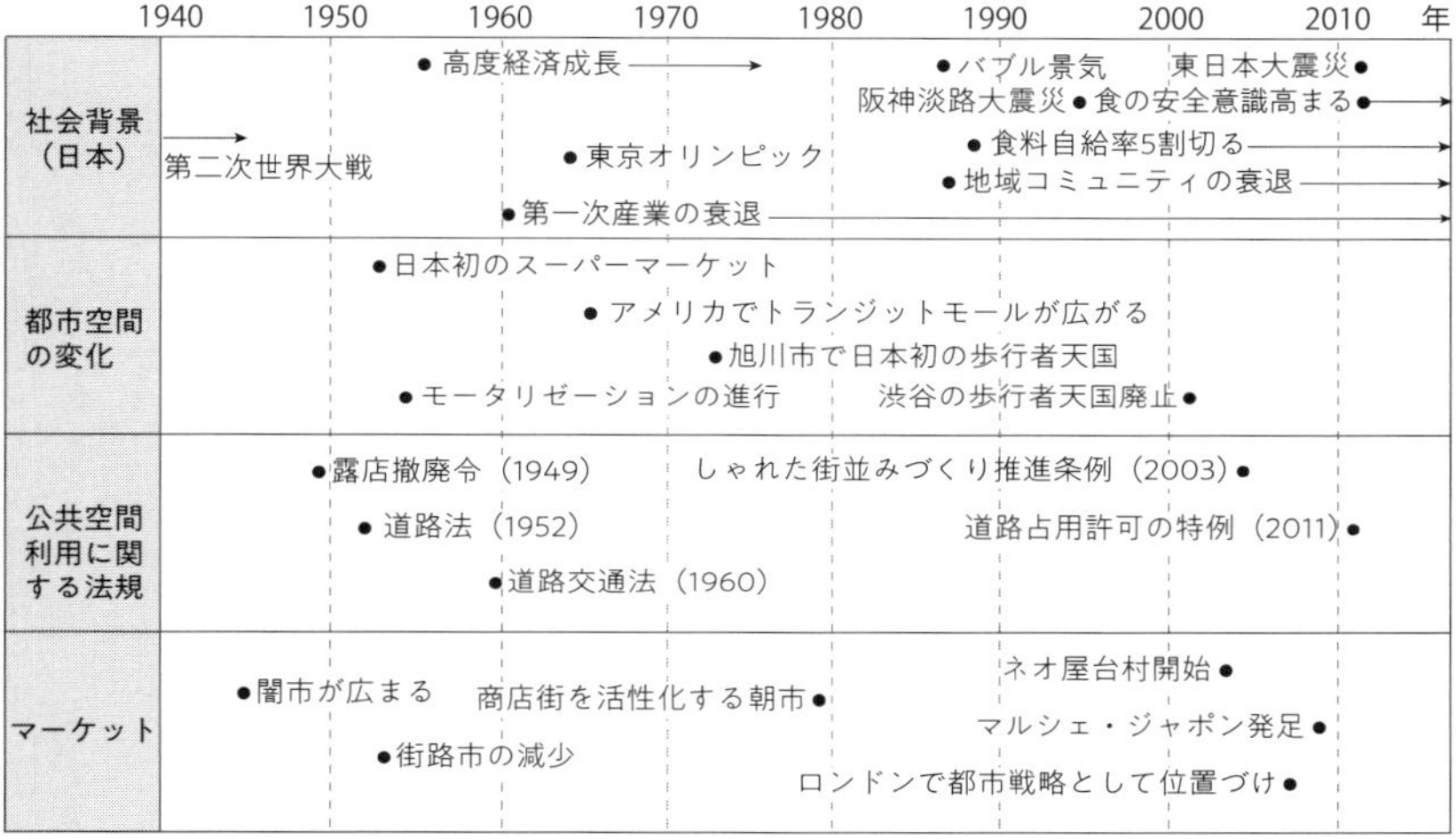

表1　戦後日本のマーケットの歴史

れた。また、許可を得て開催していた街路市の露店商組合も政治的な集団ではと疑われ、解散を命じられた。[*1]路上や広場で行われる商業行為を政府が整理・監督し、衛生的で安全な商業空間をつくることは都市化の一つの象徴的行為でもある。一方で、戦後の混乱期、物資や仕事が少ないなかで、物を買いたい人に貴重な買い物の場を提供し、職のない人が商売を行い生き延びられた街路市の重要性も指摘されている。[*2]

日本のマーケットが減少したもう一つの原因は、自動車交通の増加を受け、道路は警察が管轄する交通のための空間と規定されたことによる。１９５２年に道路法、１９６０年に道路交通法が制定され、道路を利用したマーケットへの規制が厳しくなった。加えて、日本で初めてのスーパーマーケットが１９５３年に誕生し、その後、各地に広がり、買い物習慣の変化が起きた。

このように、①戦後ＧＨＱによる闇市、街路市の解体・整理、②警察による道路利用の規制の強化、③買い物習慣の変化、といった要因が重なり、日本ではマーケットが激減していくことになる。

一方、現在も地方に残るマーケットは長い歴史を持つものもある。高知市内の日曜市は江戸時代に始まり、千葉県勝浦市の朝市は安土桃山時代に始まったとされる。これらのマーケットは観光地としても有名だが、実際に訪れてみると、住民の生活に密着した地域コミュニティの場にもなっている。

このように、日本でももともと市として親しまれていたマーケットは、今日においては大半が消滅してしまったが、日本にマーケットの文化が存在しなかったわけではない。古くから続いてきた一部のマーケット、そして新しく生まれたマーケットの中には地域の人々の日常と深く結びつき、独自の体験を提供しているものもある。この体験が集積して、日本にまた、マーケットの文化が根づいていくことも十分可能なのだ。

現代版マーケットが増えている理由

近年日本では、新たな形式のマーケットが各地で誕生している。皆さんも、最近マーケット、マルシェ、市という言葉をよく耳にするようになったと感じるのではないだろうか。

マーケットが近年、増加し、注目されている理由について、三つの理由が考えられる。一つは社会のニーズへの回答、二つめは政府の助成事業の後押し、三つめは公共空間の活用への関心の高まりである。

社会のニーズへの回答

近年、人口減少や少子高齢化、核家族化、職住分離といった社会変化に伴い、旧来の地縁的つながりは希薄化し、地域コミュニティの衰退が指摘されたが、1995年に起きた阪神淡路大震災をはじめとする大規模災害をきっかけに、地縁的コミュニティに代わる地域コミュニティの重要性が再認識されるようになった。2000年代後半からは、地域コミュニティの活性化に向けた取り組みが行政、民間、地域団体などにより行われるようになり、そのツールとしてマーケットの役割が期待されるようになった。

また、消費者の食に対するニーズの変化もマーケットを後押ししている。日本の食料自給率はカロリーベースで1965年には73%もあったが、2017年には38%まで下がっている。これについて、7割の国民が食料自給率を低いと感じているという調査結果がある。[*3] 輸入食品の増加に加えて、2011年に起きた東日本大震災以降、食の安全を優先する人が増加した。こうした消費者の農産物に対する安全・安心志向の高まりを受け、生産者から直接農産物を買うことができるマーケットのニーズが高まった。

政府の助成事業の後押し

前述した食料自給率の低下への対応として、農林水産省が２００９年、生産者と消費者をつなぐ場の創出を目的として、「マルシェ・ジャポン・プロジェクト」（地産地消・産直緊急推進事業のうち仮設型直売システム普及事業）という助成事業を行った。このプロジェクトの助成を受け、全国8都市で支援を受けた11の団体によるマーケットが開催された。

助成事業は単年度で終了したが、現在も開催されている「ヒルズマルシェ」「Farmer's Market@UNU」といった東京を代表するマーケットも、発足時にこの事業の助成を受けており、日本における現代版マーケットの広がりのきっかけをつくったといえる。

事業者として採択された株式会社ぐるなびはマルシェ・ジャポン全国事務局として情報を提供するウェブサイトの運営を行い、出店希望者に対して出店の斡旋を行っている。一時は10都市、30を超えるマーケットが登録されていた。旗振り役として放送作家の小山薫堂を、デザイナーに森本千絵が主宰する株式会社 goen°を迎え、２０１０年にはグッドデザイン賞も受賞している。

現在、事務局のウェブサイトに掲載されているマーケットは12に縮小しているが、現代版マーケットの広がりのきっかけとなったこと、戦略的に「マルシェ」を位置づけたことの意義は大きい。

公共空間の活用への関心の高まり

広場や道路を含む公共空間は現在、コミュニティ形成、地域経済の活性化、中心市街地の活性化などの社会課題を解決する場として注目されている。各地で人口減少や空き地の増加が進み、ハード整備を中心にまちをつくる時代から、既存ストックを活かし、まちをどう使いこなすかが問われる時代になってきた。また、多様な地域のニーズに応える受け皿としても、公共空間の担う役割が見直されている。

その公共空間を活用するコンテンツとしてマーケットが選ばれるようになってきた。マーケットは多様な効果をもたらし、地域を活性化する（5章参照）。音楽やスポーツなどのイベントと比較しても特定のターゲット層や年齢層に偏らず、広く市民を対象とできる。これは「公共」が目指す目的とも一致する。仮設で小さな店舗の集合体である空間的特徴が、場所の形態や規模を問わない点も開催しやすい理由である。

多様な個性が混在する東京のマーケット

前述したような背景を受け、日本では近年、マーケットが多数開催されるようになった。特に東京では定期開催されるマーケットも複数生まれている。そのまちに暮らす人々にとってなくてはならない存在になっていたり、地域のアイデンティティとして認知されるようになったマーケットもある。

新しく生まれるマーケットは、目的、規模、形態、開催場所、開催頻度、運営者、販売品目、販売対象などが実に多様である。マーケット、マルシェ、市と、その名称の選び方もさまざまだ。多様な個性が混在しているため、現段階では日本のマーケットの特徴をこれと明示することは難しいが、かつて日本で定着していた街路市や諸外国のマーケットとは異なる場所で異なる手法を用いて、現代の日本のマーケット特有の効果も生まれている（5章参照）。この多様性こそが、日本の現代のマーケットの状況を象徴しているが、そもそもマーケットは誰もが手軽に始められる自由で多様な活動の場なので、本来のマーケットの特性を体現しているともいえる。

ここでは、主催者や目的の異なる五つの東京のマーケットを選出し、開催の目的、経緯、運営形態などについて、運営者、出店者、来場者へのインタビューをもとに紹介する。

商店街活性化を目的に1978年に始まった青井兵和通り商店街の朝市、マルシェ・ジャポン・プロジェクトをきっかけに2009年に都市と農をつなぐ場として始まったFarmer's Market@UNU、同じく、マルシェ・ジャポン・プロジェクトをきっかけに、再開発後のコミュニティの場として始まったヒルズマルシェ、2011年に地域活性化を目的に住民が始めた小石川マルシェ、2017年に民間主導の官民連携型マーケットとして始まったnest marche。それぞれに異なる背景を持つこれらの事例から、今後のマーケットのあり方について学べることは多い。

case1

下町の商店街活性化型

青井兵和通り商店街の朝市

場所	青井兵和通り商店街
空間タイプ	道路（車両通行止め）
住所	東京都足立区青井3丁目
最寄駅	青井
店舗数	45店舗
開催日時	第4日曜7：00 ～ 9：00
面積／距離	$1920m^2$（300m）
運営者	青井兵和通り商店街振興組合
開始年	1978年

概要

つくばエクスプレス青井駅からほど近い、青井兵和通り商店街。昔ながらの商店街が毎月第4日曜日、朝市の時間になると、沿道店舗と外部からの店舗、合わせて45店舗が出店し、多くの人で賑わう。1978年から40年間、毎月、雨の日も雪の日も開催され、近隣はもちろん、区外からやってくる常連客もいる。来場者は3000人ほど。

沿道店舗は特売を行い、外部からの店舗はシャッターが閉まった店の前に賑わいをもたらしている。近隣の農家が販売する野菜のほか、蒲鉾店のおでん、精肉店のコロッケ、和菓子店のおこわ、寿司店の海苔巻きなど、安くて美味しい名物グルメが人気。朝7時、開始の花火が打ち上げられる頃にはすでに行列ができている店舗も少なくない。

朝市で賑わう青井兵和通り商店街

普段は静かな商店街

朝市の日には特売を行い、コッペパン240個を売る名物店

シャッターが閉まった店の前で出店する外部からの出店者

目的

商店街の店舗だけでなく、外からもいろいろ店舗が出店する朝市を開催することによって、普段は静かな商店街が活性化することを目的としている。

経緯

1962年に商店街が開業した当時は多くの人で賑わい、最盛期、沿道には120店舗ほどが軒を連ねた。しかし近隣に大型スーパーが進出すると、閉店する店舗が増えた。そこで顧客に足を運んでもらうために1978年から朝市を始めた。今では商店街の沿道店舗は24店舗に減少しているが、朝市は活気にあふれている。2000年からは、朝市に加え、夕市「まんぞく市」を、規模は小さいながら毎月第2土曜日に開催している。

運営形態

商店街振興組合が朝市を運営し、交通整理や出店料の徴収などは知りあいのスタッフに依頼している。道路の使用については警察、朝市開始の合図となる花火の使用については消防に許可を得ている。警察から朝市のレイアウトなどへの指導はないが、路上駐車が起きると注意が入る。出店者への備品の貸し出しは行っていない。

出店者の募集は特に広報していない。継続出店している人が多いが、人づてやメディアで知った人からの新規問いあわせもある。出店者の選定基準は特にない。沿道店舗が競合を懸念することはなく、沿道店舗と同業種の外部出店者も受け入れる。出店料は3000円で、商店街振興組合に加

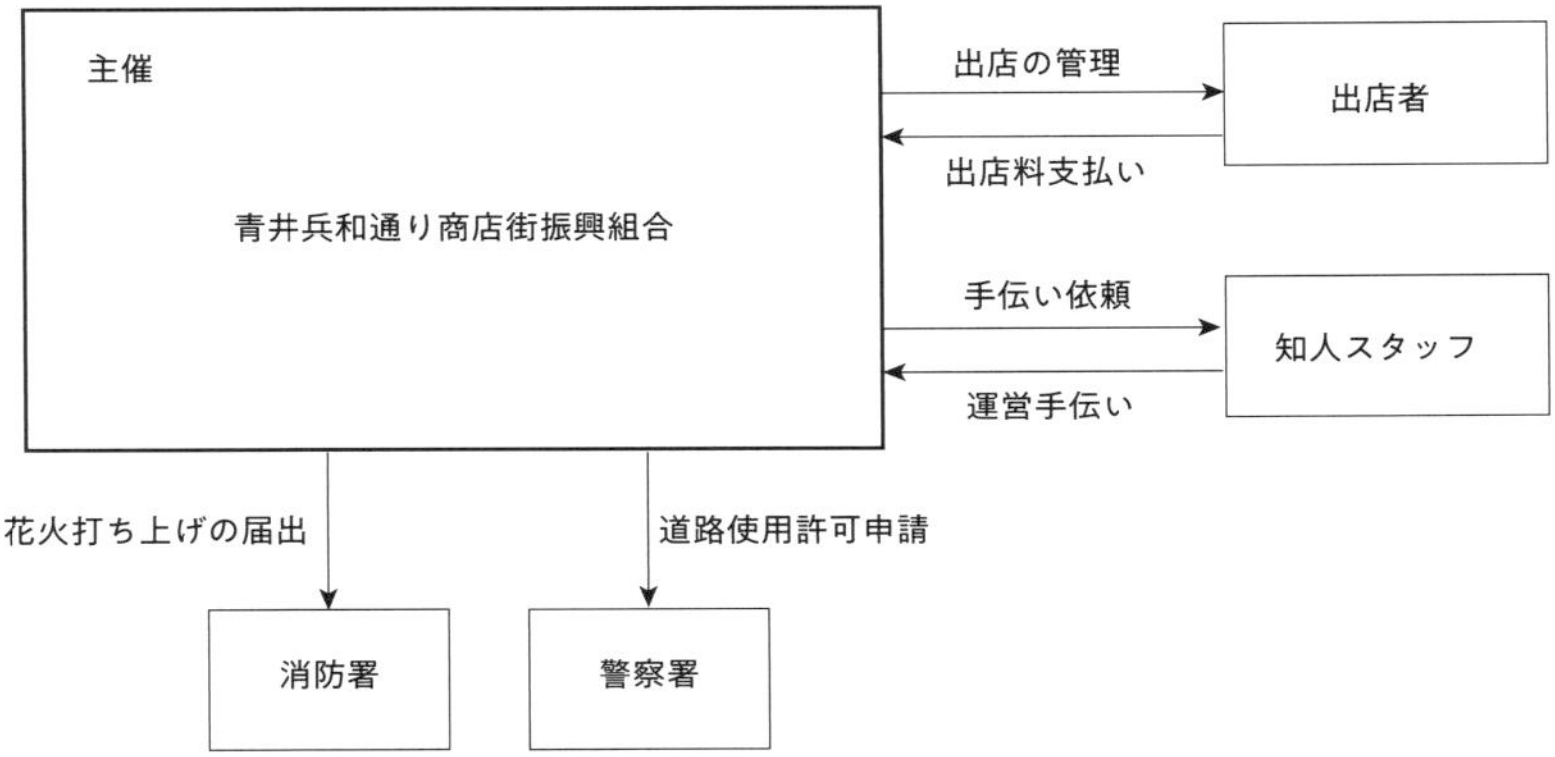

図1　青井兵和通り商店街の朝市の運営組織図

入する沿道店舗も出店料を支払っている。個人のフリーマーケットの出店料は500円。

コンテンツの特徴

・出店者の内訳：沿道店舗の出店が6店舗、外部からの出店が20～25店舗で、足立区内が約半分、茨城など遠方からの出店もある。個人によるフリーマーケットは近隣を中心に15店舗。

・販売品目：惣菜、野菜、魚、肉、菓子類、乾物などの食品を低価格で提供している。他に衣料品、生活雑貨、花なども取り扱われている。

・物販以外の企画：ワークショップなどは行っていない。

地域へのインパクト

40年間、毎月継続開催されているため、近隣では「青井」といえば「朝市」と刷り込まれるくらいイメージができている。テレビなどのメディアに取り上げられる機会も多く、それが集客効果を高めている。沿道店舗が朝市に出店する場合、特売するため利益率は低いが、売り上げは普段の倍以上になることもある。人が集まることから、選挙時には朝市の入口に選挙カーが停まり、選挙活動の場にも利用されている。

今後の展開

２０１５年、つくばエクスプレス開業10周年の際には、近隣の七つの商店街と連携したイベントを開催。合同でガイドを作成し、各商店街をまわるスタンプラリーを企画した。このように、一つの商店街で完結しない、広域で連携したイベントを今後もやっていきたいという。

商店主も顧客も高齢化し、若手の商店主は5～6人ほど。今後、商店街をどう継続させていくかが課題である。

case2

都市と農をつなぐ交流型

Farmer's Market@UNU

場所	国際連合大学前広場
空間タイプ	私有地広場
住所	東京都渋谷区神宮前5丁目
最寄駅	表参道
店舗数	100店舗
開催日時	土～日曜10：00 ～ 16：00
面積／距離	1513m^2
運営者	NPO法人 Farmer's Market Association
開始年	2009年

概要

「Farmer's Market@UNU（ファーマーズマーケット@国連大学）」はおそらく、日本で最も有名で、影響力のあるマーケットの一つだろう。東京都渋谷区という好立地で、２００９年より毎週末開催され、毎回、１００店舗程度の出店があり、８０００～2万人が来場する。日本酒・パン祭りなどのイベントに加え、参加型ワークショップや音楽等のパフォーマンスも不定期で行われている。地方の農家の出店も多く、関東圏のみならず、遠方からやってくる出店者も少なくない。彼らにとって、東京の消費者と直接話ができ、反応がわかる場として、マーケットが活用されている。

目的

運営者のＮＰＯ法人Farmer's Market Association（ファーマーズマーケット・アソシエーション）は「LIFE WITH FARM」というコンセプ

国連大学前広場で開催されるFarmer's Market@UNU

生産者自身が販売する野菜

出店者とやりとりしながら買い物できる

キッチンカーの前にはテーブルと椅子が並び食事ができる

トのもと、「都市に暮らす私たちにとって、食べものは一番身近な自然」という考えでマーケットを運営している。彼らの活動のテーマである、都市の中でどう暮らすかを発信する一つのメディアとしてマーケットが機能すると捉えている。

経緯

世界の都市にはマーケットがあり、つくり手と使い手を結ぶコミュニティが形成されているが、東京でもつくり手と使い手をつなぐ場所をつくろうと、メディアサーフコミュニケーションズ株式会社のメンバーを中心にプロジェクトが立ち上がった。2008年、表参道GYREにて5〜6店舗で開催したマーケットから始まり、その後、2009年に農林水産省によるマルシェ・ジャポン・プロジェクトに選定を受けたことをきっかけに、Farmer's Market Associationと国際連合大学の共同開催という形で、国際連合大学の広場で開催されている。

運営形態

NPO法人Farmer's Market Associationが企画・運営を行い、国際連合大学と共同開催している。Farmer's Market Associationは出店者、ボランティアスタッフの管理を行っている。ボランティアスタッフはサポーターと呼び、SNS上で募集。広報はウェブサイト・SNSが中心である。当日の運営は事務局とボランティアスタッフ数名で担う。

テーブル・テント・椅子・棚といった什器は土曜日の朝、保管先倉庫よりトラックで運搬され、出店者自身で店舗の組み立てを行う。出店店舗数は、テントを利用した店舗が65〜80軒、キッチン

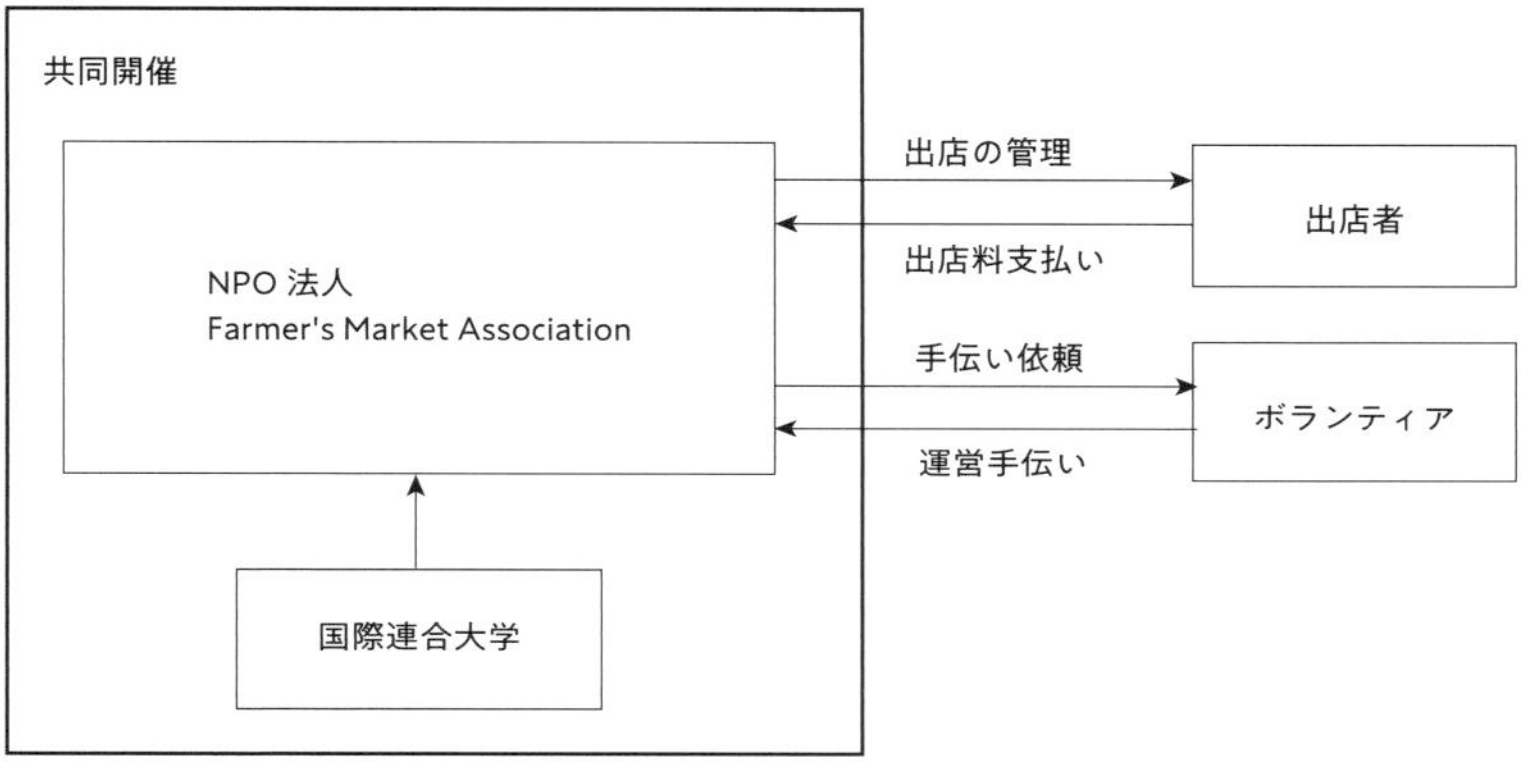

図2　Farmer's Market@UNUの運営組織図

カーが15〜20軒程度である。出店者はウェブサイト・SNSで募集しており、出店基準等は特になく、事前の面接も行っていない。運営側は出店者を管理するのではなく、一緒に盛り上げる仲間という立場をとっているため、出店のハードルは低くしている。

コンテンツの特徴

・出店者の内訳：渋谷区内の出店者が1割弱、渋谷区を除いた南関東が6割、北関東が1割を占めている。富山、新潟、高知など関東圏外からも2割強の出店がある。

・販売品目：生鮮食品、加工品、パンを含む食品で7割を占め、特に、加工品が全体の半数弱を占め、スパイス、チーズ、はちみつなどこだわりの商品が集まる。

・物販以外の企画：食材にフォーカスをあてたものから、食品のロスなど食の課題を考えるものまで、特色のあるテーマのイベントを開催。なかでも「青山パン祭り」はこれまでに12回開催され、全国から70店舗が集まる。

地域へのインパクト

マーケットに出店する農家が近隣店舗に野菜を販売するなどの店舗同士の商品の取引や、地元の祭りや近隣の複合文化施設スパイラルのイベントと連携するなど、地域の商店会やレストラン等とつながりが生まれてきている。

運営者はマーケットをイベントではなく、日常生活の一部になることを意識しており、緊急時にこそ日常生活を送ることが必要であると、２０１１年東日本大震災の翌日にもマーケットを中止せず開催した。その際、常連顧客、出店者、運営者が安否を確認しあう姿が見られた。その後も、スーパーには食べものがなくても、マーケットには食べものがあるという状況が続いた。

また、マーケットをきっかけに、近隣の私有地を暫定利用したフードカート「246 COMMON」（後の「COMMUNE 246」、現在は「COMMUNE 2nd」として営業中）を開始し、マーケット出店者であった店舗も入居している。

今後の展開

運営者はマーケットの開催がゴールではなく、若くて意識の高い人の新規就農の場をつくりたいと考えている。マーケットの開催によって、東京に農家がやってくるという流れが生まれたが、次は運営会社で石川県に農地を購入し、消費者が石川を訪れるという逆の流れをつくりたいと考えている。今のところ、他の場所でのマーケットの開催は考えていないが、出店者は、農家以外のつくり手にも広げ、このエリアの質の向上に関わっていきたいという。

case3

再開発地のコミュニティ育成型

ヒルズマルシェ

場所	アークヒルズ　アーク・カラヤン広場
空間タイプ	公開空地
住所	東京都港区赤坂1丁目
最寄駅	六本木一丁目
店舗数	30店舗
開催日時	土曜10：00 ～ 14：00
面積／距離	1125m²
運営者	森ビル株式会社
開始年	2009年

概要

「ヒルズマルシェ」も、マルシェ・ジャポン・プロジェクトをきっかけとして、2009年より、毎週土曜日に定期開催されている。東京・赤坂アークヒルズ内にある公開空地アーク・カラヤン広場で、土地の所有者であり、開発者でもある、森ビル株式会社により主催されている。毎回、30店舗程度の出店があり、およそ2000人が来場する。落ち着いた雰囲気で心地よい賑わいを生みだしており、地域の常連客の姿も多い。

アークヒルズ周辺は外国人や食への意識が高い住民が多い土地柄であり、そうした来場者の生の声を聴くために出店する者も多い。ヒルズマルシェに並ぶ食品は美味しいものが多いが、来場者の意識の高さに加え、事務局がプロの農業コンサルタントであることも影響しているのだろう。

2017年には、近隣住民のみならず、アーク

アークヒルズの公開空地アーク・カラヤン広場で開催されるヒルズマルシェ

ヒルズマルシェに8年間出店し続けている小坂農園

出店者と来場者で賑わう

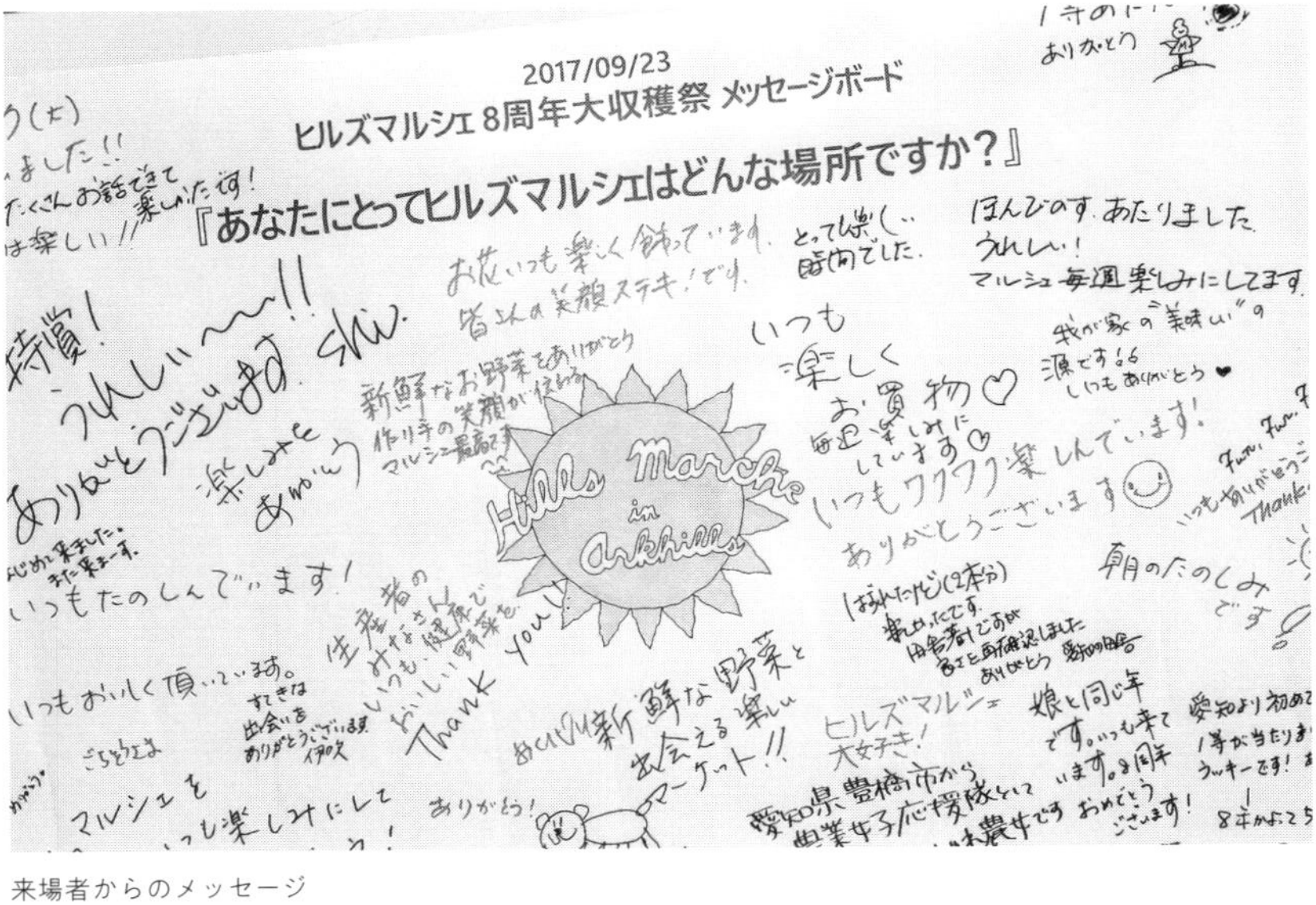

来場者からのメッセージ

ヒルズエリアのオフィスワーカーに向けた、火曜日開催の「ヒルズマルシェ on Tuesday」を始めた。11時から19時まで開催し、ランチタイムと勤務終了後に来場する機会を提供している。

目的

再開発事業では、再開発以前と竣工後でその環境が大きく変化する。アークヒルズでは竣工後20年を経てマーケットが始まり、現在ではまちを育む活動の一環としてヒルズマルシェが開催されている。周辺では他の再開発が複数進んでおり、新しい居住者も多いが、マーケットがコミュニティを生みだす場となることが期待されている。たとえば、ヒルズマルシェには「継続出店できること」という、他のマーケットではあまり見かけない出店基準があるが、そうすることで、出店者が定着し、出店者と来場者が顔見知りになることを狙っているからである。

経緯

都市生活者と生産者の出会う場・近隣住民のコミュニケーションを育む場として、赤坂アークヒルズで2009年9月にスタート。原型になったのは、2003年より六本木ヒルズで始まった朝市「いばらき市」。関連会社が運営するゴルフ場が茨城市にあった縁から、毎週土曜日、茨城産の生鮮品を六本木ヒルズに持ってきて販売。このマーケットは、15年近く経つ現在も継続している。2009年に農林水産省によるマルシェ・ジャパン・プロジェクトに選定を受けたことをきっかけに、いばらき市に加え関東近郊の農家を中心に出店者を集め、より発信力のあるマーケットとしてヒルズマルシェの開催に至った。

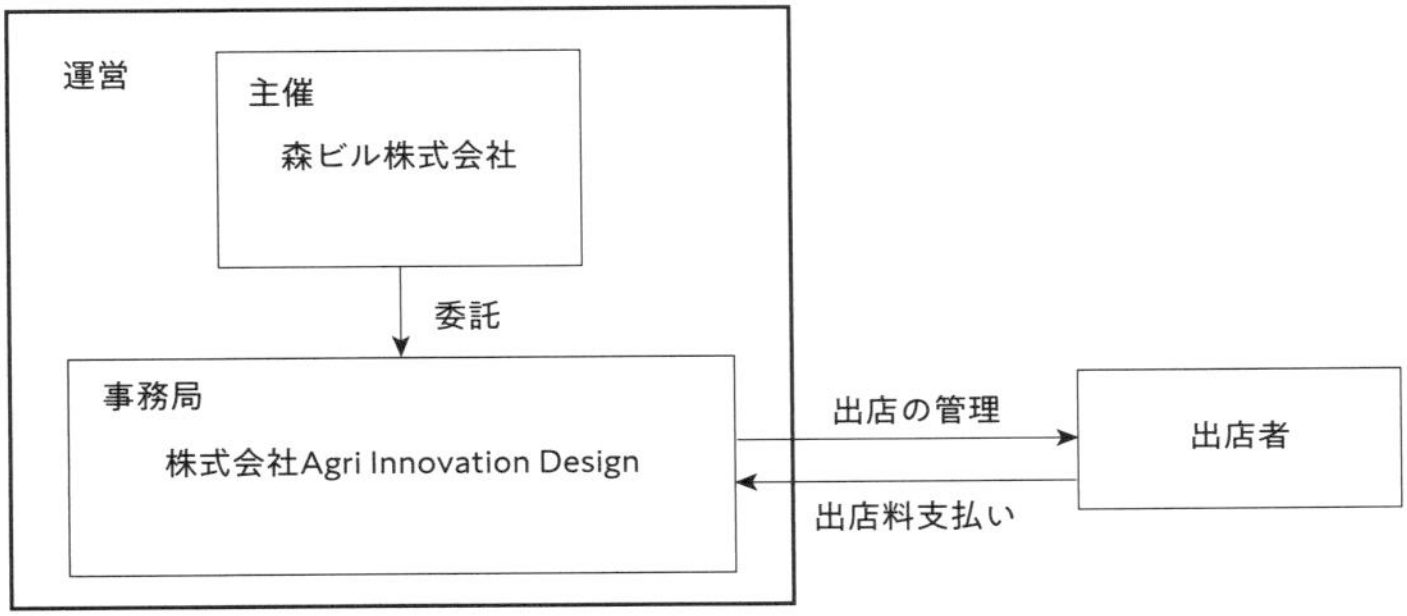

図3　ヒルズマルシェの運営組織図

運営形態

主催は森ビル株式会社。運営の事務局を、株式会社Agri Innovation Designが務める。広報はウェブサイト・SNS・ポスターが中心。当日の運営は事務局が行い、森ビルの倉庫に保管してあるテーブル、テント、椅子、棚、パラソル、看板、黒板、テーブルクロスを事務局、出店者らが協力して設置する。

出店者の集め方は、ウェブサイト・SNS・運営者からの紹介が中心。出店基準は生産者もしくは生産者と同等に商品の説明ができ、継続的に出店できることとしている。応募書類の提出と会場での面談によって雰囲気を理解してもらい、ミスマッチを防いでいる。出店料は売り上げの12～15%（商材により異なる）、最低3000円としている。運営費は出店料でおおよそ賄われる。

コンテンツの特徴

・出店者の内訳：港区内の出店者は1割程度と少ない。23区内と南関東を合わせて5割、山梨、新潟、長野など関東以外からも3割の出店があり、北関東も1割程度と、遠方からの出店が多いのが特徴だ。

・販売品目：加工品、生鮮食品がそれぞれ4割程度あり、食品が全体の8割を占めている。生産者もこだわりの商品を集めて販売しており、何年間にもわたり、継続出店している店舗も多い。
・物販以外の企画：アークヒルズで行うイベントがマーケットと同時開催されることがあり、さくらまつり、秋祭り、音楽週間、クリスマスなどが季節のイベントをマーケットとともに楽しめる。マーケットの一角には子どもの遊び場を設置し、親が買い物中に子どもの居場所を提供している。近隣飲食店で、マーケットの食材を使用した料理を提供するイベントも開催。

地域へのインパクト

マーケットが住民同士、住民と出店者が交流するコミュニティの場となっている（本章インタビュー参照）。このエリアは平日はオフィスワーカーが多いが、週末は比較的人通りが少なく、そこにマーケットの開催によって賑わいが生まれている。

実際に来場者にインタビューすると、なじみの店舗で買い物を目的とする来場者が約4割確認された。他のマーケットでは約1割程度であるのに対して、ヒルズマルシェでは目立って高く、「新しいコミュニティをつくる」という運営者の意図が反映されている。なかには「普段マンション内ではほとんど人と話さないが、ここは出店者と話せるから来る」という来場者もいた。出店者と来場者の間にコミュニティが生まれていることがわかる。

また、毎週出店している青果の店舗「いばらき市」では、ベーシックな野菜をすべて揃え、「買いたい野菜が必ず買えるから毎週通いたくなる」という工夫を凝らす。毎週開催、出店者選定基準、いばらき市、といった出店者と来場者の定着によるコミュニティの形成を意識したしくみがデザインされている。

また、マーケットに出店した青果店舗がアークヒルズ内のレストランへ納品するといった、出店店舗と周辺既存店舗のコラボレーションも生まれている。

今後の展開

知りあいではない住民同士のコミュニケーションの促進や、豊かな時間を過ごしてもらおうと、ワークショップやミニコンサートなどを仕掛けている。また、出店者は生産者中心であり、販売のプロではないため、売るのがうまい人とうまくない人の差が出てしまう。「良質な商品」「うまく売る人」、この両方が揃うと売り上げは伸びる。今後は全体の売り上げを上げるための工夫も実施していく予定である。

INTERVIEW

再開発×マーケット

コミュニティを育てる場づくり

田中 巖（森ビル）・山﨑智文（アークヒルズ自治会会長）

なぜ、ディベロッパーがマーケットの運営を？

鈴木　まず、田中さんのマーケットとの出会いから聞かせてもらえますか。

田中　原体験としては、子どもの頃に近所にあった市場のような屋内商店街に1人でおつかいに行くのが楽しかったという記憶があります。家のすぐ近くで、店のおじさんやおばさんとも顔見知りで、お金が足りなかったら「また今度でいいよ」と済ましてくれたり、注文がうまく伝えられなくても「いつものね」って感じで成立していた。今思えば、そこには、スーパーマーケットとは異なる対面販売ならではのよさがありました。仕事としてヒルズマルシェの運営を5年ほど前から担当するようになり、それからは、海外に行ってても意識してマーケットを見るようになりました。

鈴木　アークヒルズで2009年より毎週開催されているヒルズマルシェですが、なぜ、開発者であり所有者である森ビルがマーケットを開催することになったのですか？

田中　もともと2003年から六本木ヒルズで「いばらき市」という朝市を開催していました。これは、森ビルが運営するゴルフ場が茨城県にあり、そのご縁で、茨城産を中心に新鮮な野菜や果物などを毎週土曜日の早朝、六本木ヒルズの高層住宅の足もとで販売する朝市で、15年近く経った現在も続いています。そして、2006年からはアークヒルズでも毎週水曜日に「いばらき市」を開催するようになりました。これは当時のアークヒルズ周辺に生鮮食品が手に入るスーパーが少なく、住民のそうしたニーズも背景にはあったようです。そして2009年から現在の「ヒルズマルシェ」として毎週土曜日に開催することになりました。〝都市をつくり、都市を育む〟ことを使命としている森ビルは、マーケットを開催することで、まちの賑わいやコミュニティを生みだしたいという思いで、ヒルズマルシェを続けています。

鈴木　今では各地の再開発事業の竣工後にマーケットが開催されていますが、長く継続されているベテランとして、再開発とマーケットの相性のよさを感じることはありますか？

田中　再開発というと、長く慣れ親しんだまちが大きく変わることに対する不安を少なからず地元の人々は持っています。マーケットはそうした不安を和らげてくれる要素の一つになっているのではないか、と思います。ヒルズマルシェでは生鮮品や加工品など食品を中心に扱っていますが、やはり食というのは老若男女、国籍に関わらず誰もが関心があるので、食を扱うマーケットは誰もが集まる場所になり、コミュニティが生まれる場になるのだと思います。

鈴木　ヒルズマルシェの運営はおおよそ採算がとれていると伺いましたが、費用面でも継続できている理由は何でしょう？

田中　一つは、敷地内に什器をしまう倉庫があるということが大きいですね。外で借りると、倉庫代、輸送費が毎回かかります。あとは、アーク・カラヤン広場は天候に左右されず安定的に開催できることも利点です。また、出店者さんの負担も考えて、開催時間を10時から14時の4時間にしているのですが、夏であれば明るい時間に来て、日があるうちに帰れます。こうした持続可能なしくみが継続できている要因です。

コミュニティを巻き込むプラットフォーム

鈴木　今後、ヒルズマルシェでやりたいことはありますか？

田中　ヒルズマルシェでさらに時間を楽しく過ごしてもらえる企画を充実させたいですね。会場のアーク・カラヤン広場にはサントリーホールが面しているのですが、もっとホールとも連携した取り組みもしたいと思っています。また、マルシェが単に買い物にいく場所ではなく、休日に気持ちのよい時間を過ごせる場所になってほしいです。現在も月1回ほど、若手の演奏家による無料のクラシックコンサートをマルシェ会場で開催したり、子ども広場といって、お母さんが買い物している間、子どもが遊べるコーナーを設けたり、いろいろ取り組んでいます。

昨年、ヒルズマルシェ8周年のイベントで、マルシェ会場に面するカフェに協力してもらい、マルシェの食材を少し加工するだけで美味しい料理になることを体験してもらう「ビストロマルシェ」という企画を実施したのですが、もっと他の店舗にも広げていきたいですね。

鈴木　出店者と住民だけじゃなく、近隣の店舗や施設まで巻き込む作戦ですね。すでに週末だけでなく火曜日にもマーケットを開いて、近隣で働く人も巻き込まれていますよね。運営側が相当コミュニティの意識を持っているように感じます。

田中　3年ほど前から、港区麻布総合支所のコミュニティ活性化事業「みんなでまちをよくする〝ミナヨク〟」というプロジェクトに協力し、マルシェ会場を活動発表の場として提供しています。「ミナヨク」は若者たちを集め、ワークショップを通して地域コミュニティを活性化するアイデアを出す、というプロジェクトです。若者たちが商店街をフィールドとして発案した企画「おつかい大作戦」はヒルズマルシェを会場として実現し、これまでに複数回開催されています。

住民にとってマーケットはどんな場所？

鈴木　ここからはアークヒルズ自治会会長の山﨑さんにもお話を伺いたいと思います。山﨑さんは毎週、ヒルズマルシェで買い物をされているそうですが、山﨑さんにとって、ヒルズマルシェとはどんな存在なのでしょうか？

山﨑　毎週土曜日の朝に買い物に行くと、ご近所のかなりの方が買い物に来られています。この町会だけじゃなく、隣の町会の方もね。そこで挨拶したり、たわいもない話ができる。いつも来ている人が来ていないと心配になるし、毎週ここにみんなが来ていると安心する。一種の安否確認の場になっています（笑）。それに、自治会の会員さんと会えば、今度の行事の話をしたり、情報交換の場にもなっています。

鈴木　まさにヒルズマルシェがコミュニティの

場として機能しているのですね。どうやってみんなが集まる場になったのですか?

山﨑　ヒルズマルシェ開始以前に「いばらき市」が始まった時に、自治会でチラシを配ったり、声をかけたりした。それが徐々に周知されて、みんな毎週来るようになりました。

鈴木　毎週1回4時間限定だから、集まれるというのもマーケットならではですね。毎日営業している店舗だと、いつ行くかはその人次第で、同じ店に同じ頻度通っていても、会える可能性は格段に下がります。

山﨑　マルシェで全国の美味しいお店に出会えるというのも本当にありがたい。最近はまっているのは、「とさ笑店」さんの土佐の生姜。高知県から生姜を販売しにきてくれるのですよ。あれを食べたら、他の生姜は食べられない。

鈴木　そうやって、毎週、人との出会い、物との出会いがあるのですね。

ディベロッパーと住民の連携の舞台

鈴木　自治会とマルシェと一緒に何かすることはありますか?

田中　自治会主催の餅つき、秋祭りなど季節のイベント時にマルシェは必ず開催します。イベント時はマルシェを休んで集中すべきなのかもしれませんが、マルシェがこのまちに住む人の生活の一部になっているので、とにかく休まず毎週開催することにしています。

鈴木　もうヒルズマルシェのない生活は想像できませんね。

山﨑　私はここに来てもう31年で、再開発の工事をやっている時から見ているけど、今、ヒルズマルシェが生活に根づいて、自治会とも森ビルさんとも他の近隣の町会ともいいバランスで回っています。昨日も地域の集まりで、森ビルさんは地域を大事にしてくれて非常に助かるねという話が出た。こういうことって他のビルじゃなかなかやっていないでしょう。

鈴木　再開発からこれだけの年月が経った後に自治会と開発事業者側でこういった関係ができているってすごいことですね。

田中　再開発はいろんな人の想いを背負って実現するものです。そして再開発から30年以上が経った今、まちに関わるさまざまな人々が、普段着でコミュニケーションができる場として、ヒルズマルシェが存在しています。住んでいる方や近隣の自治会の方と、会議室などではなく、こうしたカジュアルな場で毎週会って話せる場があることは大変貴重です。ヒルズマルシェは今では「まちを育む場」になっていると思います。

不動産事業は、オフィスや住宅の入居率が高いとか、商業施設の売り上げが上がることも重要ですが、やはり、まちに活気がないとテナントも入らないし、人も住んでくれません。ヒルズマルシェは、こうしたまちの活気を生みだすエンジンの一部になっているのではないでしょうか。

山﨑智文（写真左）
アークヒルズ自治会会長。1943年生まれ。アークヒルズ開発前よりこの地で営業する蕎麦店「水内庵」店主。1986年のアークヒルズ竣工後はヒルズ内に店を構え、30年以上にわたり営業。アークヒルズの開発前から現在に至るまでを最もよく知る人物の一人。

田中　巌（写真右）
森ビル株式会社タウンマネジメント事業部。1973年生まれ。1999年森ビル入社後、六本木ヒルズの設計監理に携わる。その後上海のプロジェクトやオフィス事業部などを経て、2012年よりタウンマネジメント事業部にてアークヒルズエリアの運営企画業務を担当。

INTERVIEW

農業支援×マーケット

マーケットという新しい事業を設計する

脇坂真吏（農業プロデューサー）

プロデュースという農業支援

鈴木　まず、脇坂さんのマーケットとの出会いから教えてもらえますか。

脇坂　マルシェ・ジャポン・プロジェクトが始まった時に森ビルが受託して、最初は一出店者として関わり始めました。

鈴木　なぜ、出店者として関わることになったのですか？

脇坂　農林水産省は農業支援を謳って、マルシェ・ジャポン・プロジェクトを始めたけれど、そうそう東京で農作物を売っている農家がいない。ちょうどその頃、僕らが始めた「NPO法人農家のこせがれネットワーク」を使って「東京に農家が来られなくても、東京にいる農家のこせがれなら東京で農産物を売れるよね」という話が、知人を介して森ビルからありました。

それで農家のこせがれネットワークとしてヒルズマルシェに出店し始めました。

鈴木　マーケットに出店する前はどういう活動をしていたのですか？

脇坂　２００９年3月に農家と農家のこせがれのネットワークをつくろうと、団体を立ち上げ、1年かけて設立発表行脚で全国を回った。イベントに参加したら、「農家のこせがれに会いに来ました」という大きなのぼりを立てて、農家と一緒に野菜を売りつつ、農家のこせがれを探していました。

鈴木　農家のこせがれネットワークでは生産地と消費地をつなごうと考えていたのですか？

脇坂　というよりも、農家のこせがれを実家に戻しちゃおうと考えていました。新規就農者を増やすと国は言っても、それはほぼ不可能。親がやっている農業を継ぐ方が、家もあって、生産者もいて、つながりもあるから、圧倒的にやりやすい。地方出身者が多い東京には、実家が農家の人は、若い人から60代までたくさんいる。彼らに農業の魅力を気づかせ、いつか帰ると思っている人の「いつか」を「今」にしようと考えました。

マーケットへの出店を通じて、農家のこせがれが親の農産物が美味しいと気づいたり、親と話すきっかけをつくれたり、楽しそうに農家を継いでいる他のこせがれと話すようになり、実際に農家を継いだ人もいます。

鈴木　確かに、農業が身近すぎて過小評価したり、魅力に気づかないことはありますよね。他にはどんな活動をされていたのですか？

脇坂　農業大学に進学したこともあり、在学中から野菜ソムリエ協会の人に誘われ、八百屋の立ち上げもやりました。バンに野菜を積んで売って、自分たちでテストマーケティングもやったりした。八百屋の事業が順調に拡大して9店舗くらいになった大学4年の秋、このまま八百屋をやり続けるよりも自分しかできないことをやろうと思い、八百屋を辞めました。

それから、農業と大学生をつなぐ会社も立ち上げました。農業大学の就職先って、農協か行政か食品メーカーくらいで、面白い農業系の就職先って当時は全然なかったし、逆に面白いことをやっている中小企業は大学に求人を出していないというミスマッチが起きていたので。

鈴木　なるほど、八百屋としての経験値は農業支援を行う時に説得力を持ちますね。そういう経験を経て、現在、マーケットを運営されている理由は何ですか？

脇坂　20代に好き勝手やってきた結果、プロデュースこそが農業支援だなと思い至った。自分の中ではマーケットの運営はプロデュースなんです。現在は東京ではマーケット、地方では北海道の東神楽町をそれぞれプロデュースしています。

自分で考え、販売できる農家を増やす

鈴木　農業支援として、たとえば六次産業化や直売所とは違う、マーケットならではの魅力は何でしょうか？

脇坂　マーケットの魅力は、一つは事業の視野が広がること。二つめは利益。品目によるけど、マーケットに出店し続けることでそれなりの利益を出している人もいます。農協に出荷するより、ずっと高く買ってもらえるから。直売所だと並べて売るだけで、営業努力がないから、価格競争になり、利益は減ってしまう。マーケットは、農家が自分で考えて売らなくてはならな

い場所。だから、向かない人には向かないけど、本気でやりたい人には最適な場所だと思う。

鈴木　生産者にとってマーケットで販売することのメリットは何ですか？

脇坂　農家からすると、都心部で手軽に店舗が出せて、お客さんの声を直に聞けることが糧になります。地方の農家には、「東京消費者神話」みたいなのがあって、「東京の人は高くても買ってくれる」「きれいじゃないと買ってくれない」「東京では飛ぶように売れる」と思っている人が多い。でも実際に販売してみると、泥がついていても買ってくれるし、何でも飛ぶように売れるわけじゃない。

鈴木　では逆に、生産者がマーケットで販売する上でネックになることは何ですか？

脇坂　生産者には原価計算、価格、売り方、見せ方を考えたことがない人が多い。これまで自分たちの商品を客観的に見たことがない。消費者が求めている価値ではなく、農協の基準で見てしまっている。見た目がきれいでこのサイズだからA品ですとか、この見た目だからだめですとかね。それって、実は消費者が思っている価値とはぜんぜん違う。だから、自分たちで殻を破っていくしかない。新規就農者の人たちは、既成概念がないからこの点の理解が早い。ただ、この金額じゃなきゃ儲からないという価格で販売するので、高すぎて売れなかったりする。農協出荷とは違う事業設計の考え方をしていくことが必要ですね。

鈴木　今は消費者ニーズが多様化しているので、そのニーズに合わせた売り方をすればもっと利益は上がるはずですよね。農家の人たちはどういうマーケットを求めているのでしょうか？

脇坂　事業の柱にしたいという人もいる。まだマーケットを使い慣れていない人が多いけれど、慣れてくれれば十分事業の柱にしていけます。ヒルズマルシェの出店者さんの中にも、マルシェでの売り上げが主軸になっている農家さんもいる。トマトだけで１日12万円売り上げた農家さんもいます。事業の柱とするためにも、週末だけではなく、平日開催のマーケットも増やして、出店できる日を増やしていきたいですね。

鈴木　マーケットを主軸に生計を立てられる人が増えると、日本におけるマーケットの位置づけも変わってきますね。ロンドンではマーケットだけで生計を立てている人も多く、ロンドン全域で１万３２５０人以上のフルタイムの雇用を生んでいる。今後、こういうことが日本で起きる可能性も十分あると思います。

生産者と消費者を育てるマーケット

鈴木　ところで、地方都市の場合、わりと近くに農家さんがいますよね。生産者と消費者をつなぐというマーケットの役割は、東京のような大都市と地方都市では違ってくるのでしょうか？

脇坂　大都市と地方都市でそんなに変わらないと思います。確かに、地方には道の駅とか直売所は多いけど、農家さんとつながりがあるかというと、大都市でも地方都市でも大差ない。消費者ニーズからするとそんなに違いはないけれど、生産者はそれに気づいてない。ただ、農作物の価格が地方になるほど下がる。中央卸売市場の仕切値でも東京と地方都市では一番開くところだと、３〜４割違うこともあります。

鈴木　消費者が生産者や農作物のことを考え、

選択するようになり、生産者が消費者ニーズを把握すると、マーケットがうまく活用されていくということですね。ちなみに、地方ならではのメリットはありますか？

脇坂　商品仕入れのセグメントがしやすいことですね。「この県内で集めました」と言えると、お互いにわかりやすい。それに、近隣であるからこそのつながりや次の展開も起こしやすい。

鈴木　今後、マーケットを通じてやりたいことは何ですか？

脇坂　マーケットへの出店だけで食べていける農家さんを増やしたいですね。商売人が欲しい一方で、ただの商売人はいりません。美味しい農産物をつくれる技と志が大事です。そんな農家さんを支えるためにも、農業や食に関心を持つ消費者がもっと増えてほしいですね。

鈴木　最後に、脇坂さんにとってマーケットとは？

脇坂　人と対面して情報流通できる場所。「オーガニック」ってラベルを張ってあるだけでは伝わらないこともある。お金を出せば何でも買える時代に、本当の野菜の美味しさに消費者が気づき、食の楽しみ方が広がることで、生産者のビジネスをサポートできる、マーケットをそんな場所にしていきたいですね。

脇坂真史
株式会社 Agri Innovation Design代表取締役。一般社団法人マルシェ・マーケット研究所代表理事。1983年生まれ。都内4カ所でマーケットを年間180日近く運営。夢は、小学生のなりたい職業1位を農家にすること。著書に『マルシェのつくり方、使い方』。

住民による地域密着型

小石川マルシェ

場所	▶ ①源覚寺境内、②小石川すずらん通り
空間タイプ	▶ ①寺社、②道路（車両通行止め）
住所	▶ 東京都文京区小石川2丁目
最寄駅	▶ 春日
店舗数	▶ ①13店舗、②27店舗
開催日時	▶ 年2回（春、秋）10：00 ~ 15：00
面積／距離	▶ ①432m²、②377m²（72m）
運営者	▶ 小石川マルシェ実行委員会
開始年	▶ 2011年

概要

東京都文京区小石川に暮らす住民団体が2011年から春と秋に年2回開催している小石川マルシェ。毎回20～40店舗程度の出店があり、2000～3000人が来場する。

小石川マルシェは、地元の商店主、地元に住む者などが集まって運営している。地域密着型にふさわしい素朴さを感じつつも、考え抜かれたマーケットである。空間づくりにも随所にこだわりが見られ、たとえば慎重に調整されたテントのレイアウトはほどよい密度を持ち、心地よさと賑わいを演出している。これから地域でマーケットを企画する人にとって参考になる例である。

目的

小石川エリアに増えている30～40代の住民をターゲットとして、「ちょっといい普段」をコンセプトに開催している。「マルシェを舞台にさまざまな交流が生まれ、活性化のきっかけになる」ことを目指している。別に本業を持つ住民が地域で自主的にマーケットを行う場合、頻繁に開催するのは負担がかかるが、しっかりと目的を見据え、継続的に開催することで、年2回の開催でも地域に対して多様な効果をあげている。

経緯

買い物をする場所の不足、商店街の衰退に対し、地元の若手5人を中心に小石川活性化研究会を発足させ、まちの将来について議論を重ねるようになった。そして10年後の小石川の賑わいを創出するために、低リスクで最大の社会的効果があると考えられるマーケットの開催を採用し、小石川マルシェ実行委員会を立ち上げた。2011年6月に第1回を源覚寺にて5店舗で開催し、その後、春と秋の年2回開催を続けている。第6回以降、すずらん通りでも開催を始め、源覚寺と2会場で開催している（第10回除く）。2017年時点で開催は13回を数える。

運営形態

地域の任意団体である小石川マルシェ実行委員会が企画・運営を行い、近隣の跡見学園女子大学のボランティアが当日の運営をサポートする。源覚寺から場所を提供してもらい使用料を支払っている。

広報はウェブサイト・SNS・チラシの配布・看板で行っている。当日の運営は実行委員会とボランティアスタッフ数名で行う。出店者には町会の倉庫に保管してあるテーブル・テント・椅子・布を支給し、設営は実行委員・出店者・ボランティアスタッフが行う。

源覚寺境内で開催される小石川マルシェ

地域住民がつくるマルシェ

小石川すずらん通りで開催される小石川マルシェ

非開催日のすずらん通り

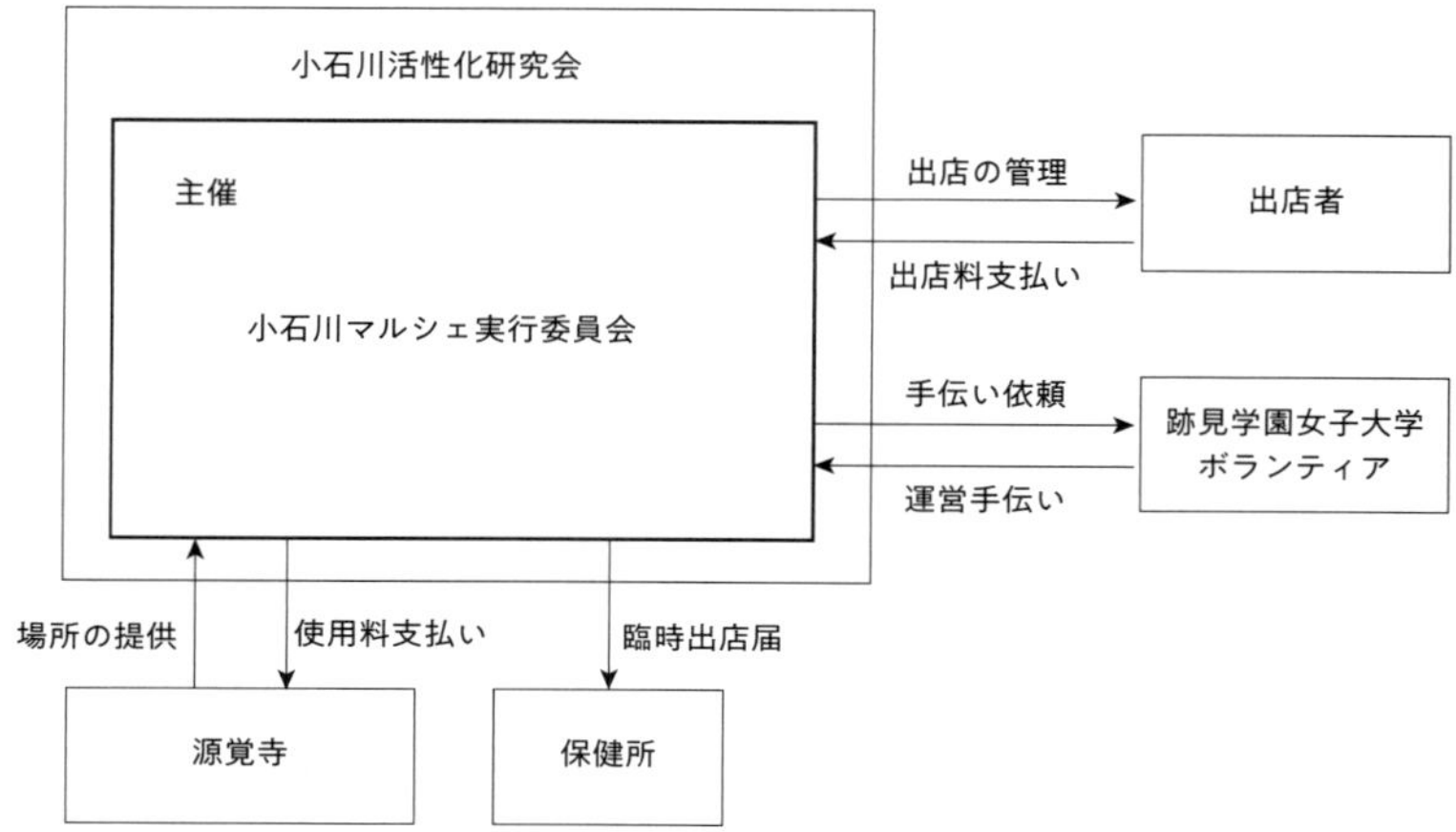

図4　小石川マルシェの運営組織図

出店者の集め方は、ウェブサイト・SNS・運営者からの勧誘が中心。出店基準を設けて「ちょっといい普段」のコンセプトに合致する店舗・地元店舗を優先している。出店料は売り上げの10％で、運営費は出店料で賄われている。

コンテンツの特徴

・出店者の内訳：文京区内の出店者が7割と、地元の店舗が大半を占める。小石川の活性化を目的としているため、地元優先で公募、地域の店舗に直接出店依頼を行っている。

・販売品目：加工品が3割弱、生鮮食品、加工品、パン、飲食店、マッサージ店などがそれぞれ1～2割程度で、店舗のバリエーションは豊富。

・物販以外の企画：地元の建築やまちに関する仕事をする若手の有志団体による「文京建築会ユース」とのコラボレーションで、輸送パレットを使用したテーブルや椅子を製作し「まちなかリビング」という休憩所を設置。文京建築会ユースは絵葉書、スタンプなど誰でも参加できるワークショップや近隣銭湯の紹介などまちを考える企画もマーケット内で行う。

地域へのインパクト

地域のためのマーケットであり、開催にあたって、人と人をつなげることが重視されている。マーケットをきっかけとした活動も広がりを見せている。出店者である和菓子店が、マーケットのために江戸時代に小石川で生まれたと言われる大福を復刻して商品化し、新しい小石川名物が誕生した。また、マーケットに出店する八百屋とパン屋がコラボレーションしサンドイッチを商品化した。出店を通じて知りあった八百屋とレストランが取引を始めるなど、マーケット以外での展開も増えてきた。

また、地元メディアに紹介され、近隣の人にも小石川はマーケットがあるまちと認識されるようになり、まちの魅力の向上にも寄与している。

今後の展開

開催を重ね、現在の運営手法に落ち着いているが、当日の朝に設営を行うマンパワーが不足しがちである。地元大学の学生の協力が途切れた時には会場を一つに縮小した。マーケットに続く地域活性化プログラムとして、2015年からは、ウェブサイト「小石川びより」を運営し、地域の情報発信にも力を入れている。

エリアを活性化する官民連携型

nest marche

場所 ▶	①南池袋公園、②グリーン大通り
空間タイプ ▶	①公園、②歩道
住所 ▶	①東京都豊島区南池袋2丁目、②東池袋1丁目および南池袋2丁目
最寄駅 ▶	池袋
店舗数 ▶	30店舗、出店者の希望により開催場所を振り分け
開催日時 ▶	第3土曜11：00 ～ 16：00
面積／距離 ▶	①700m^2、②1200m^2（150m）
運営者 ▶	株式会社 nest
開始年 ▶	2017年

概要

池袋駅東口から徒歩5分に位置する南池袋公園と、駅と公園をつなぐグリーン大通りで、毎月第3週の土曜日に開催されている官民連携型マーケット「nest marche（ネスト・マルシェ）」。8店舗でスタートし、現在は30店舗ほどの出店があり、2000人ほどが来場する。都心部にありながら、地元の出店者も多く、地域に根ざしたマーケットである。

公園に広がる芝生は家族連れなど多くの人で賑わい、グリーン大通りでは広い歩道幅員を活かして、ストリートファーニチャーを置いたり、生演奏が行われたり、滞在しながらマーケットを楽しむ空間がつくりだされている。

目的

企画・運営する株式会社nestは「日常を、劇場に」をコンセプトに、いつもは通り過ぎてしまう場所を市民のステージに変えることを目的に活動している。マーケットのほかにも、映画上映会や結婚式を芝生広場で開催したり、まちを回遊しながら楽しむイベント「IKEBUKURO LIVING LOOP（池袋リビング・ループ）」を開催するなど、これまで人通りの少なかったこのエリアに賑わいをもたらす活動を展開している。

経緯

２０１６年4月に南池袋公園がリニューアルオープンした際のオープニングイベントのコンテンツの一つとしてマーケットが開催される。同年8月に、南池袋公園にほど近いグリーン大通りが国家戦略特別区域に認定され、道路空間を利用したアートフェス、オープンカフェ、マーケット等の事業ができるようになった。そこで豊島区は、グリーン大通り等の公共空間を活用し、まちの魅力向上や賑わいの創出を目指す公募型プロポーザル「グリーン大通り等における賑わい創出プロジェクト」の実施者を募集。２０１７年4月、実施者として株式会社nestが選定され、グリーン大通りと南池袋公園を会場としたマーケットが２０１７年5月から毎月開催されるようになった。

運営形態

マーケットの企画・運営はnestが担い、国家戦略特区の実施主体であるグリーン大通りエリアマネジメント協議会が主催、豊島区が共催する形をとっている。また、南池袋公園の使用にあたっては、公園をマネジメントする地元団体「南池袋公園をよくする会」（商店会、自治会、寺院、学識経験者、カフェ事業者、区職員による組織）から使用許可を得ている。公園使用料はかからないが、地域貢献

南池袋公園で開催される nest marche

エントランス、黒板に書かれた出店マップ

ここでしか出会えないハンドメイドの作品に出会える

IKEBUKURO LIVING LOOPでのパフォーマンス

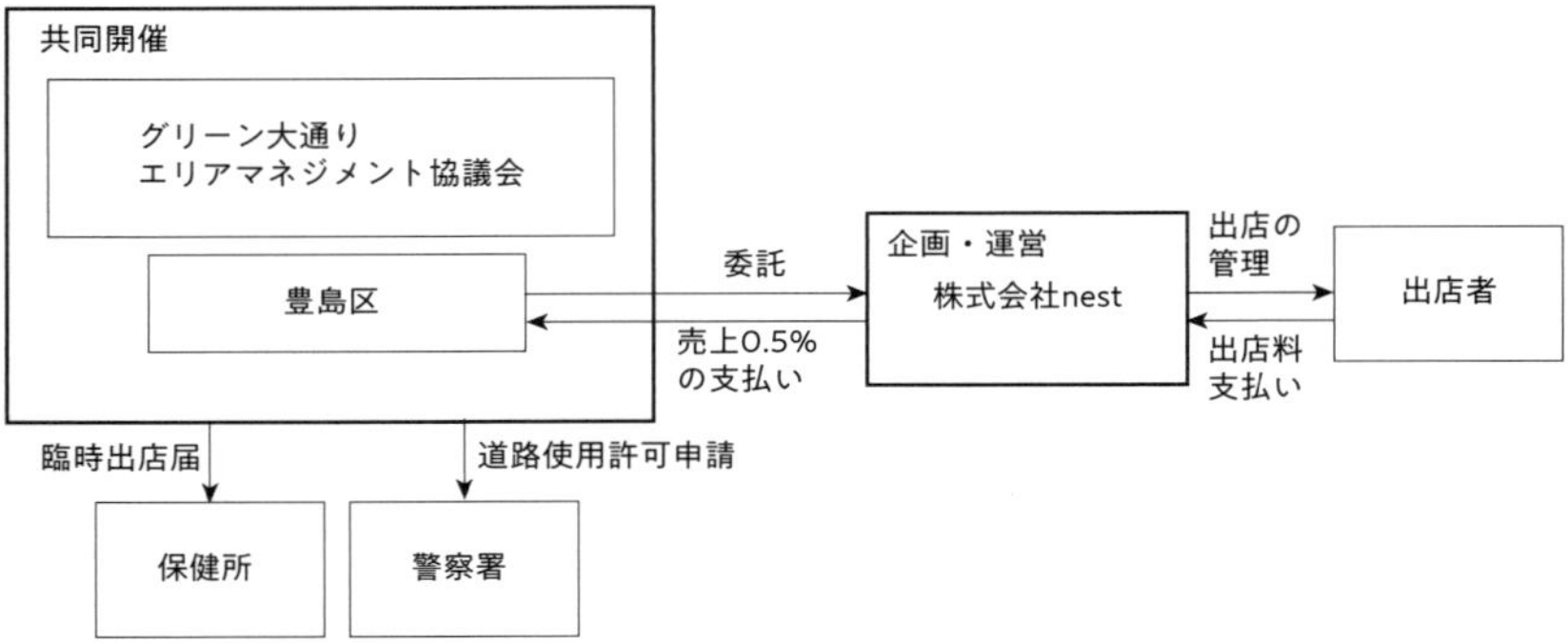

図5　nest marcheの運営組織図

費としてマーケットの売り上げの0・5%を豊島区に支払う。豊島区との随意契約は1年ごとに更新するしくみ。

広報はウェブサイト・SNSが中心。当日の運営は事務局スタッフ3名とボランティアスタッフ10名程度で行う。ボランティアスタッフはウェブで募集し、近隣の立教大学の学生に加え、まちづくりに関わる行政職員やコンサルタントも多い。什器は豊島区が所有する再開発予定地の空き家に保管しており、前日と当日に設営を行う。一部、出店者も手伝っている。

出店者の集め方は、ウェブサイト・SNS・運営者からの勧誘が中心。出店基準は「マルシェを通してまちを盛り上げる」というマーケットの趣旨に共感し協力できる人かどうかがポイント。出店料は売り上げの10%とし、最低3000円。

コンテンツの特徴

・出店者の内訳：豊島区内が半分程度、残りは関東圏内がほとんど。理想は、地元4割、池袋駅に乗り入れる路線の沿線3割、遠方を含む産地3割と考えている。

・販売品目：雑貨、飲食が多く、コーヒーの店舗が多い時には各店を飲み比べできるコーヒーチケットを販売した。

・物販以外の企画：ハンドメイドのワークショップ、ライブ演奏、子ども向けの紙芝居などを開催。会場内にはハンモックを設置するなど、滞在を楽しむしかけが施されている。

地域へのインパクト

マーケットの開催日には、公園内のレストランや周辺店舗の売り上げがいつもより伸びる。グリーン大通りでは沿道のカフェにお願いして、歩道にテラス席を設けてもらい、オープンカフェとマーケットが連続するしかけを工夫している。

２０１７年11月には、マーケットを拡大して、グリーン大通りを中心に、南池袋公園、雑司ヶ谷方面まで、近隣20店舗が参加した、まちを回遊しながら楽しむイベント「IKEBUKURO LIVING LOOP」を開催。ストリートパフォーマンス、歩道への販売用の車の乗り入れなど、今まで行えなかったことも公式に行った。

今後の展開

公園・ストリートの活動を許可制でなく届け出制にして、公共空間でやりたいことがある人がいつでも自由にやれるようにしていきたいと考えている。その状況をつくるために、同じ価値観を共有して活動できる当事者をどう育てていくかが課題である。また、現在のマーケットはすべて仮設であるが、一部でも常設化し、雨天でも対応できるようにして倉庫機能も持たせたい。

INTERVIEW

地域×マーケット

暮らしのデザインからパブリックのデザインへ

青木 純（nest）

きらきらしているマーケットが苦手だった

鈴木 まずは青木さんとマーケットとの出会いを教えてください。

青木 もともとマーケットが苦手だったんです。おしゃれできらきらしていて、自分が買いたいものがなくて。

鈴木 日本ではマーケットはおしゃれなものというイメージがありますよね。ヨーロッパやアジアではもっと生活に寄り添ったものなんですけどね。

青木 そう、外国のマーケットは無理している感じがなくて、楽しいところが多い。

鈴木 マーケットが苦手だった青木さんが、どうしてマーケットの運営に関わるようになったのですか。

青木 2016年4月に南池袋公園がリニュー

アルした際のオープニングイベントをボランティアベースで手伝ったのがきっかけです。南池袋公園のレストラン事業者に選定された株式会社グリップセカンドのオーナー・金子信也さんとは昔から知りあいで、彼からオープニングイベントについて相談されました。

そこで公園ができたことを喜ぶイベントじゃなくて、公園の未来が楽しみになる日常を描こうと思い、音楽のライブ演奏や芝生広場でのヨガのワークショップ、近隣企業の良品計画と共同した防災教室やトークショーなど複数のコンテンツを企画しました。その中の一つがマーケットでした。マーケットの出店者は、ほとんどが地元の人に声をかけました。

鈴木　なぜ、公園でマーケットを開こうと思ったのですか？

青木　公園で常にマーケットが起こっていると

南池袋公園の日常

訪れた人が楽しいんじゃないかと思ったんですよね。他のコンテンツとの違いとしては、マーケットでは、稼いだ利益を公園運営に回したかったというのもあります。こうして、完全ボランティアで関わり始め、２０１７年4月に正式に事業者に選ばれてからは毎月開催しています。

池袋というまちへの愛着を高める

鈴木　nest marcheではグリーン大通りでもマーケットを開催されていますが、公共空間の中でも特に道路で開催できることは地域への影響も大きく、理想的です。ただ、日本では警察との関係で使用が難しいですよね。

青木　道路使用は、ステイクホルダーが多いことが大変です。特に警察は大変で、苦情がこないような環境を小さくつくっていくことが必要。豊島区では２０１９年に東アジア文化都市、２０２０年に東京オリンピックパラリンピックと、大きなイベントを控えているので、いきなり大規模に道路を閉鎖するのは大変だから、その予行練習になるという「大義」をつけて、説明しています。

鈴木　青木さんは豊島区出身で、地域の人脈もあり、地域に根ざしたマーケットをつくられていますが、地域の中でマーケットの役割は何だと思いますか?

青木　僕は生まれも育ちも豊島区ですけど、池袋が好きじゃなかった。学生の頃は地元が池袋だと言うと周りに引かれるくらいだったから。中高生のまちへの愛着が低いこと、公園に対する豊島区民のイメージがよくないことも知っていた。

だから、２０１１年に家業の大家《おおや》業を継いだ時、まずまちのイメージをよくしたいと思った。賃貸住宅は通常2年契約ですが、まちへの愛着があれば人は長く住んでくれる。池袋も捨てたものじゃない、池袋らしさをもっと知ってほしいと思うようになった。

マーケットを開催することで、まずは個人店を知って、それを巡って、まちに滞在してもらいたい。マーケットの先にどういう日常を描くのかが大事だと考えています。そこからローカリズムが生まれる。

顔の見える公共をつくる

鈴木　青木さんは、賃貸住宅を運営する大家業、豊島区の面白い人を集めてまちを盛り上げる「としま会議」、まちのストックを活かすエリアリノベーションと、多様な手法で地域に関わっていますが、ご自身の活動の中で、マーケットをどのように位置づけていますか？

青木　僕は、賃貸住宅から公共空間まで、さまざまな事業に関わっていますが、すべて「暮らしをデザイン」しているんです。賃貸住宅の大家として住宅同士・住宅とまちとの境界線を緩くして「小さい公共」をつくっています。その担い手を育てる「大家の学校」も運営しています。公園やストリートでは、その大家である行政の意識を変えるために、「大きい公共」をつくっている。

ただ、「公共」といっても不特定多数の人を対象にしているわけではありません。住宅を借りてもらう場合も、マーケットに出店してもらう場合も、どういう思いを持っている人が集まれば「よい公共」ができるかは考えます。

たとえばマーケットの場合は、僕らなりの価値観で企画し、デザインの統一感や運営上のルールを設けていますが、その価値観に賛同できる人に出店してもらいたいし、そういう出店者が集まると、来場者も僕らの価値観に共感できる人が自然と集まります。価値観を共有できる人たちが集まるマーケットは、都市の中の共同体のようなものを形成しているのかもしれません。これまでのような「不特定多数の公共」でなく、「顔の見える公共」を僕はつくりたいと思っています。

鈴木　「顔の見える公共」はまさにマーケットに当てはまりますね。

青木　マーケットがまちなかにあること、公園で映画が観れること、住宅が開いていることも、全部、暮らしのデザイン、人が居心地よく過ごすための場づくりです。

　人は笑顔でいられて居心地のよい空間に行きたくなります。そこに賑わいが生まれます。その賑わいは、近隣の店やオフィス、公共空間などにも波及し、エリア全体が活性化します。そうすると、このまちにただ訪れるだけでなく、住みたくなる人も出てきます。そうなったら、まちの価値が上がったと感じる人も出てくると思います。

　大人たちがこのまちで楽しんでいる姿から子どもたちはまちの未来を学べるはずです。僕ら大人が子どもたちの「nest＝巣」になるような場所を育て、次の世代にバトンをわたしていきたいですね。

青木 純

株式会社nest代表取締役、株式会社まめくらし代表取締役。1975年生まれ。「青豆ハウス」「高円寺アパートメント」では住人と共同住宅を運営、「大家の学校」を主宰。飲食店「都電テーブル」の経営、「南池袋公園」の活用にも取り組む。著書に『パブリックライフ』。

クリアしなくてはならない法規

次に、マーケットを開催する時に、クリアしなくてはならない法規について解説する。まずは、場所の利用に関する法規がある。公有地である道路、公園、私有地内に設けられた公開空地では、使用に対する制限が法規で定められ、使用の許可を得る必要がある（表2）。申請先、満たすべき要件、許可の取得の難しさも場所によって異なるため、場所ごとに利用に関する規定を解説する。

さらに、マーケットで食品を扱う場合は、食品衛生法が関わってくる（表4）。食品衛生法の規定は多岐にわたり理解が難しいが、食品のリスクは必ず避けなければならず、また食品を扱うことは集客効果も高いため、マーケットを開催する際には、知っておくべき法規である。

道路使用に関する法規

前述の通り、日本ではかつて街路市として、道路でマーケットが開催されてきたが、現在の道路使用は交通優先と定義され、簡単に道路でマーケットを開催することはできない。

マーケットによる道路の使用の際には、二つの許可が必要である。道路法に基づき、道路管理者（自治体など）より「道路占用許可」を、道路交通法に基づき、交通管理者である所轄警察署長よ

適応場所	許可	関係法規	許可先	内容
道　　路	道路使用許可	道路交通法第77条	管轄警察署長	イベントなどで道路を使用する場合は、許可が必要。
	道路占用許可	道路法第32条	道路管理者	道路上に物件を設置し、継続して道路を使用する場合は、許可が必要。
公　　園	都市公園占用許可	都市公園法	公園管理者	公園施設以外の物件を設け、公園を占用する場合は、許可が必要。
公開空地	占用許可	建築基準法第59条2	都道府県知事	歩行者が自由に利用する用途以外に転用する場合は、許可が必要。

表2　公共空間でマーケットを行う際に必要な許可

	緩和措置	内容
道　　路	道路占用許可の特例措置	まちの賑わい創出などの利便性の増進に資する施設について、無余地性の基準を緩和できる。
公開空地	しゃれた街並みづくり推進条例（東京都）	まちの魅力を高める活動を主体的に行う団体をまちづくり団体として登録することにより、個性豊かで魅力のある街並み形成を促進する。

表3　公共空間でマーケットを行う際の規制緩和

許可	関係法令	許可先	内容
食品営業許可	食品衛生法第52条第1項	都道府県知事	食品営業を営もうとするものは、厚生労働省令の定めるところにより許可を得なくてはならない。
臨時出店届（名称は都道府県による）	条例や要綱で規定	保健所	祭りなどに臨時出店し、食品を提供するときは、管轄保健所への届出が必要。

表4　マーケットでの食品販売に関する届出、許可

り「道路使用許可」を取得する必要がある。

道路占用許可は道路上に物件を設置し、継続して道路を使用する場合に必要とされる許可であり、「道路の敷地外に余地が無く、やむを得ない場合に一定の基準に適合する場合に許可できる」とされ厳しい制限がつく。2011年、道路のニーズの多様化に対応して、国土交通省はまちのにぎわい創出や道路利用者等の利便の増進に資する施設に対し、道路占用許可の特例を施行した（表3）。

しかし、依然として交通管理者である所轄警察署長より、道路使用許可の取得が必要であることに変わりはない。マーケットなどによる道路利用において警察協議は難航することが知られている。警察の責務は「交通の取締その他公共の安全と秩序の維持に当たる」ことであり、道路上に物品が置かれ幅員が狭くなること、人が多く集まることは安全管理上ネガティブに受け取られる。

また、公共空間の利用には公共性が求められ、マーケットの実施主体は地方公共団体、商工会議所、観光協会、商店街振興組合など、公的な位置づけを持つ地域団体がふさわしいとされる。

こうした背景があり、東京のマーケットで車道を利用した例は、道路交通法に基づき、時間帯の歩行者用道路指定を得ている商店街にほぼ限定されている（4章参照）。近年では、歩道を利用した社会実験や国家戦略特別区域でマーケットが開催される事例もあるが、数は少ない。

一方、ロンドンを含むヨーロッパやアメリカの都市では、道路で開催されるマーケットは一般的である。ロンドンでもマーケットによる道路使用の際は警察に通知する必要があるが、どの道路をマーケットのために使用するのか、通行止めにするのかを自治体が決めると、その決定に対して警察がストップをかけることはない（現地の行政職員のインタビューより。2章参照）。これは、ロンドンでは警察管理者は市長公安室であり、警察庁の指揮下にある日本の警察との組織のあり方の違い、役割の違いが影響していると考えられる。

道路利用の難しさについては公共空間の活用に携わる行政職員、実務者、研究者の間で広く認識されており、状況の改善を目的として近年、社会実験や国家戦略特別区域として、オープンカフェ、パークレット、マーケットなどが日本各地で行われている。また、新たな手法として、道路指定を一部外し、広場空間として再定義を行い、道路占用許可や道路使用許可の必要がない活用法も自治体により行われている。

公園使用に関する法規

道路も公園もどこにでもある公共空間ではあるが、利用のしやすさには大きな違いがある。道路は交通のための空間として、自治体および警察の許可が必要だが、公園は管理者である自治体の許可のみで使用することができる。警察協議が必要ないというのは大きなメリットである。

公園の使用は基本的には都市公園法に基づき、自治体ごとのルールに沿って、公園使用許可または公園占用許可と呼ばれる許可申請を行う。自治体によって違いはあるが、申請者が法人格を持つ必要はなく、所定の申請書を提出し、面積あたりにかかる使用料を支払うことで、使用許可が下りる。火器や発電機の使用などの制限も、自治体ごとのルールによることになる。また、公園も公共空間であるため、公共的な目的があるなど利用には一定の公益性が保たれる必要がある。

公開空地使用に関する法規

公開空地は、周辺環境への配慮のために建築基準法の総合設計制度によって私有地内に設けられたオープンスペースである。一般に開放され自由に通行または滞在できる区域である。公開空地は「歩行者が日常自由に通行または利用できる開放空地であり、基本的に他の用途に転用できない」と規定されており、マーケットなどによる公開空地の使用には、都道府県知事から占有許可の取得が必要であり、利用方法や日数、面積などに制限がある。また、申請手続きの煩雑さや公益性のある無料のイベントに限定されるなど活用の幅が限定的である。

そこで、東京都では公開空地利用に関する申請手続きの緩和を目的として２００３年に「東京のしゃれた街並みづくり推進条例」（しゃれ街条例）が施行された。団体登録の要件は、①都市開発プロジェクトなどで、その面積が概ね１haであること、②活用する公開空地等が概ね１５００m²以上あること、③法人格を有する団体であること、とされた。２０１３年に行った調査では、東京の公開空地で行われているマーケットは７事例あったが、そのすべてがしゃれ街条例を活用していた（４章参照）。しかし、しゃれ街条例も依然として面積要件があり、大規模開発に限られている。

食品販売に関する法規

マーケットにおける食品の取り扱いについては、食品衛生法に従うが、規定は複雑で多岐にわたり、一筋縄ではいかない。まず、食品衛生法に定められた「許可」と条例や要綱に従った「届出」の2種類があり、許可にせよ、届出にせよ、すべての食品に適用されるわけではなく、食品の品目と調理、加工方法によって決まる。さらに、許可や届出が必要になるかの判断基準として重要な「営業」「調理」といった言葉は解釈に委ねられる部分がある。

また、食品衛生法は都道府県による裁量が大きく、都道府県によって対象品目、言葉の解釈に違いがある。ここまで書くと非常に厄介な法規のように思えるが、その目的は「食品の安全性確保のために公衆衛生の見地から必要な規制その他の措置を講ずることにより、飲食に起因する衛生上の危害の発生を防止し、もつて国民の健康の保護を図ること」とされており、「国民の健康の保護」のために「規制」と「措置」で防止するということは明快である。煩雑な食品衛生法ではあるが、重要な法規でもあり、うまくつきあっていきたい。実際の法規の解釈や申請のポイントは6章で具体的に解説する。

＊1　鳴海邦碩「公共的なオープンスペースにおける商活動――その社会的な意義を探る　報告書」都市環境デザイン会議関西ブロック、2017

＊2　前掲＊1

＊3　内閣府広報室「食料の供給に関する特別世論調査の概要」2014

4章　公共空間を活用するマーケット

マーケットが開催されると、いつもの見慣れた場所の景色が一変する。主に道路で開催されるロンドンのマーケットと、さまざまな公共空間で開かれる東京のマーケット。本章では、マーケットが開催される場所の立地、店舗の配置、利用を左右する制度などから、マーケットが公共空間をどのように活用しているか、東京とロンドンで実際にマーケットを訪れ、実地調査を行った結果をもとに解説する。またマーケットの歴史が長いロンドンと比較して東京のマーケットの活用の可能性について見てみたい。東京では２０１５年５～11月に開催された53事例、ロンドンでは２０１３年9月に自治体により開催された45事例を調査対象とした(図1、2、表1、2)。

公共空間は、所有形態、土地利用、空間形態といった観点により、さまざまな定義がされるが、本書では、公有地や私有地といった所有形態を問わず、広く一般に開放され、人々が自由に行き来できるオープンスペースを公共空間として扱う。

東京のマーケットは、どこで、どのように開催されているか

東京のマーケットを開催場所で分類すると、道路（車両通行止め）8事例、歩道1事例、歩行者専用道路2事例、公園8事例、寺社12事例、公開空地7事例、私有地16事例の七つのタイプに分類された（小石川マルシェは寺社と道路の2会場で開催されているため、どちらにもカウントしてい

図1　東京で調査したマーケットの分布

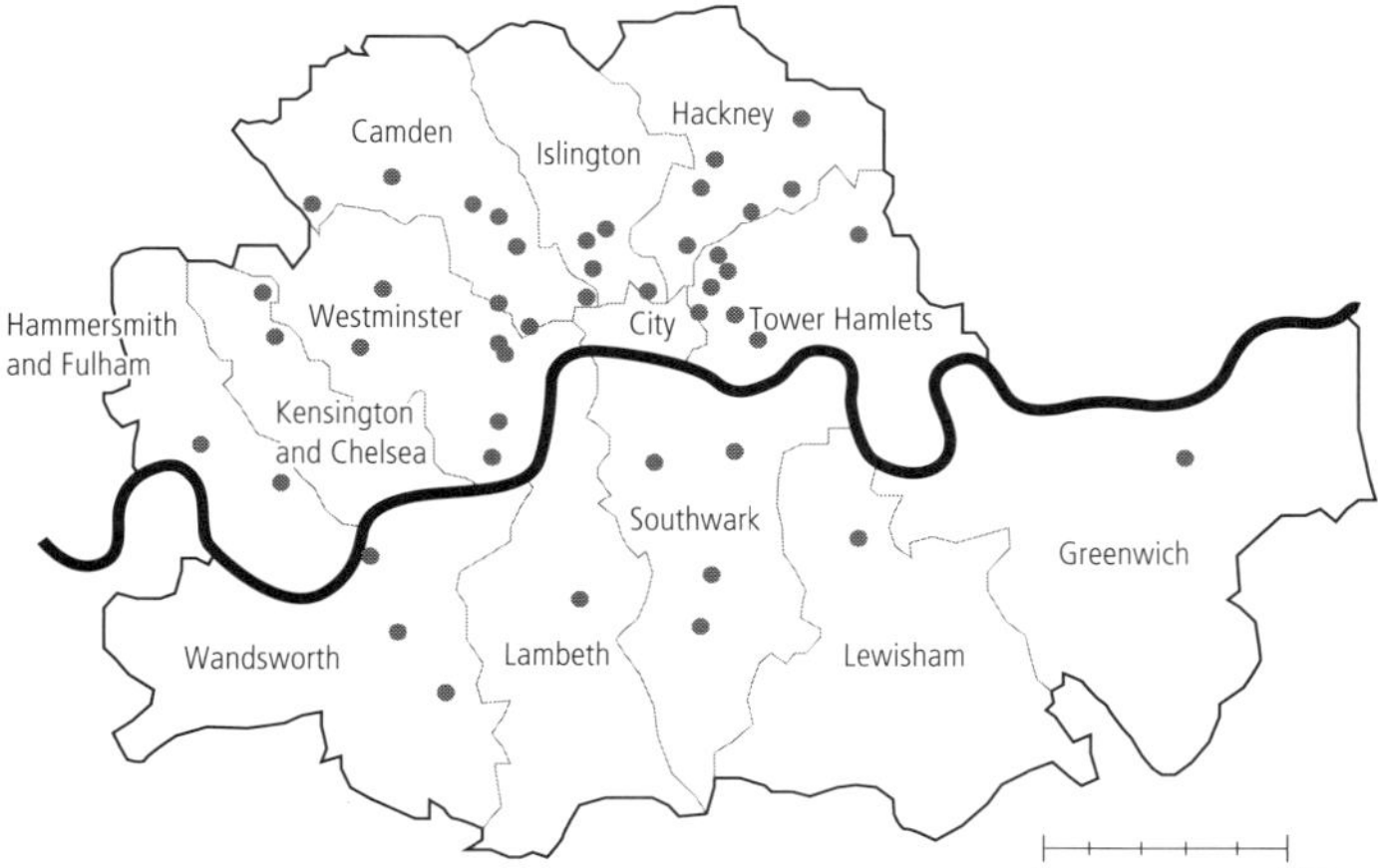

図2　ロンドンで調査したマーケットの分布

表1　東京で調査した53のマーケット

マーケット名	開催場所	店舗数*1	面積（m²）*2	所在地域
小石川マルシェ	道路（車両通行止め）/寺社	27/13	377/432	文京区
お富士さんの植木市	道路（車両通行止め）	14	844	台東区
青井兵和通り商店街朝市	道路（車両通行止め）	45	1920	足立区
キラキラ橘商店街朝市	道路（車両通行止め）	20	185	墨田区
マリクレールフェスティバル	道路（車両通行止め）	7	215	目黒区
神田古本まつり	道路（車両通行止め）	107	1253	千代田区
てづくり市 in よみせ通り商店街	道路（車両通行止め）	40	590	文京区
さかさ川マルシェ	道路（車両通行止め）	21	435	大田区
Green Blvd Market	歩道	42	606	豊島区
丸の内行幸マルシェ×青空市場	歩行者専用道路	44	936	千代田区
REACH 大崎クラフトマーケット	歩行者専用道路	54	921	品川区
お台場てづくり市	公園	40	357	港区
太陽のマルシェ	公園	150	1785	中央区
東京朝市・アースデイマーケット	公園	125	6700	渋谷区
大江戸骨董市（代々木公園）	公園	120	2142	渋谷区
池袋 MOTTAINAIてづくり市	公園	100	1122	豊島区
全国大陶器市	公園	52	1896	世田谷区
すみだガラス市	公園	14	1111	墨田区
アースガーデン	公園	214	8252	渋谷区
あかぎマルシェ	寺社	32	677	新宿区
千駄ヶ谷タウンマーケット	寺社	49	668	渋谷区
富岡八幡宮骨董市	寺社	140	2170	江東区
青空骨董市	寺社	9	332	新宿区
靖国神社青空骨董市	寺社	90	1688	千代田区
池上本門寺植木市	寺社	14	952	大田区
ほおずき市	寺社	66	567	台東区
雑司ヶ谷手創り市	寺社	131	1505	豊島区
奥渋谷　杜の手作り市	寺社	40	887	渋谷区
根津神社　道草手作り市	寺社	77	477	文京区
乃木神社骨董蚤の市	寺社	23	457	港区
ヒルズマルシェ	公開空地	30	1785	港区
YEBISUマルシェ	公開空地	27	586	渋谷区
なかのアンテナストリート	公開空地	30	963	中野区
赤坂蚤の市	公開空地	40	863	港区
中野セントラルパーク MOTTAINAIてづくり市	公開空地	127	827	中野区
カレッタ汐留 MOTTAINAIてづくり市	公開空地	40	605	港区
六本木古本市	公開空地	6	162	港区
Farmer's Market@ UNU	私有地	101	1513	渋谷区
マルシェドクルール	私有地	30	437	世田谷区
交通会館マルシェ	私有地	30	579	千代田区
コミューン sunset Market	私有地	26	573	港区
大江戸骨董市 (国際フォーラム)	私有地	250	4654	千代田区
鬼子母神通りみちくさ市	私有地	40	280	豊島区
としまえんファーマーズマーケット	私有地	15	334	練馬区
不忍ブックストリート	私有地	64	117	文京区
安穏朝市	私有地	12	535	中央区
代官山朝市	私有地	20	410	渋谷区
下北沢大学 MOTTAINAIてづくり市	私有地	37	306	世田谷区
大手町サンケイビル村	私有地	6	270	千代田区
有楽町東京国際フォーラム村	私有地	8	498	千代田区
芝公園メソニック38MTビル村	私有地	8	280	港区
日暮里マルシェ	私有地	52	741	荒川区
こけし屋朝市	私有地	8	205	杉並区

表2　ロンドンで調査した45のマーケット

マーケット名	開催場所	店舗数*1	距離(m)*2	所在地域
Goodge Place Market	道路(車両通行止め)	4	7	カムデン
Brixton Market	道路(車両通行止め)	51	331	ランベス
Berwick Street Market	道路(車両通行止め)	17	113	ウエストミンスター
Strutton Ground Market	道路(車両通行止め)	13	103	ウエストミンスター
Leather Lane Market	道路(車両通行止め)	41	286	カムデン
Chapel Market	道路(車両通行止め)	52	171	イズリントン
Exmouth Market	道路(車両通行止め)	11	34	イズリントン
Whitecross Street Market	道路(車両通行止め)	50	96	イズリントン
Portobello Road Market	道路(車両通行止め)	300	940	ケンジントン・アンド・チェルシー
East Street Market	道路(車両通行止め)	89	523	サザーク
Choumert Road Market	道路(車両通行止め)	5	17	サザーク
Petticoat Lane Market	道路(車両通行止め)	145	1214	タワーハムレッツ
Brick Lane Market	道路(車両通行止め)	102	634	タワーハムレッツ
Roman Road Market	道路(車両通行止め)	88	414	タワーハムレッツ
Battersea High Street Market	道路(車両通行止め)	4	12	ワンズワース
Rupert Street Market	道路(車両通行止め)	2	3	ウエストミンスター
Broadway Market	道路(車両通行止め)	116	228	ハックニー
Hoxton Street Market	道路(車両通行止め)	42	348	ハックニー
Ridley Road Market	道路(車両通行止め)	150	342	ハックニー
Columbia Road Flower Market	道路(車両通行止め)	50	125	タワーハムレッツ
Earlham Street Market	歩道と車道の一部	5	86	カムデン
North End Road Market	歩道と車道の一部	15	87	ハマースミス・アンド・フラム
Well Street Market	歩道	1	3	ハックニー
Plender Street Market	歩道	4	27	カムデン
Whitechapel Market	歩道	110	444	タワーハムレッツ
Bayswater Road Market	歩道	12	545	ウエストミンスター
Lewisham High Street Market	歩道	11	102	ルイシャム
Inverness Street Market	歩行者専用道路	17	81	カムデン
Swiss Cottage Market	歩行者専用道路	5	13	カムデン
Camden Passage Market	歩行者専用道路	3	9	イズリントン
Watney Street Market	歩行者専用道路	7	43	タワーハムレッツ
Hildreth Street Market	歩行者専用道路	2	7	ワンズワース
Tachbrook Street Market	歩行者専用道路	10	58	ウエストミンスター
Birchington Road Market	歩道と路上駐車場	1	6	カムデン
Golborne Road Market	歩道と路上駐車場	5	60	ケンジントン・アンド・チェルシー
North Cross Road Market	歩道と路上駐車場	20	145	サザーク
Northcote Road Market	歩道と路上駐車場	13	139	ワンズワース
Chalton Street Market	歩道と路上駐車場	14	150	カムデン
Chatsworth Road Market	歩道と路上駐車場	50	111	ハックニー
Bethnal Green Road Market	歩道と路上駐車場	18	281	タワーハムレッツ
Church Street Market	歩道と路上駐車場	48	239	ウエストミンスター
Kingsland Waste Market	歩道と路上駐車場	9	27	ハックニー
Beresford Square Market	スクエア	21	1270 m^2	グリニッジ
Lyric Square Market	スクエア	20	1016 m^2	ハマースミス・アンド・フラム
Southwark Park Road Market	スクエア	4	607 m^2	サザーク

*1　店舗数は調査時（ロンドン2013年9月、東京2015年5 ～ 11月）の実測値で、主催者の公表値と異なることがある。多くのマーケットは日によって店舗数が異なる。

*2　ロンドンのマーケットは道路で開催されるため、距離で規模を示したが、スクエアについては面積を示す。また、距離および面積はマーケットとして使用している距離、面積を示す。

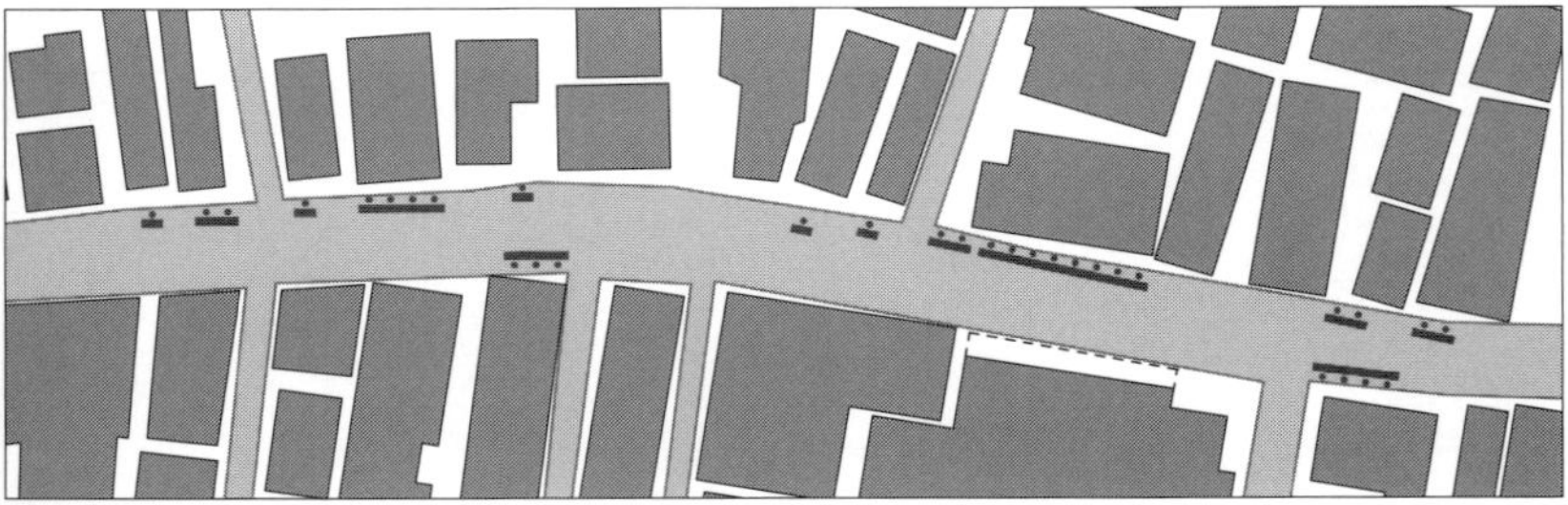

図3　てづくり市 inよみせ通り商店街の店舗配置
（車両通行止めをした道路）

る）。これら七つのタイプごとに、マーケットがどのように開催されているか解説する。公開空地と寺社は私有地ではあるが、公開空地は制度上、寺社は機能上、一般的な私有地とは異なる性質を持つため、私有地とは分けて解説する。

1　道路（車両通行止め）

車両通行止めをした道路で開催されるマーケットは8事例、すべて商店街で開催されていた（図3）。商店街は道路交通法に基づき、時間帯によって「歩行者用道路」とする指定を得ていることが多く、その時間帯はマーケットが行いやすい。商店街の前面道路でイベントや祭りを開催した実績があれば、地元の警察の信頼も得やすい。

道路の中央にマーケットの列が配置されるレイアウトと、沿道建物に沿ってマーケットが配置されるレイアウトの2パタンがある。前者ではマーケットの店舗

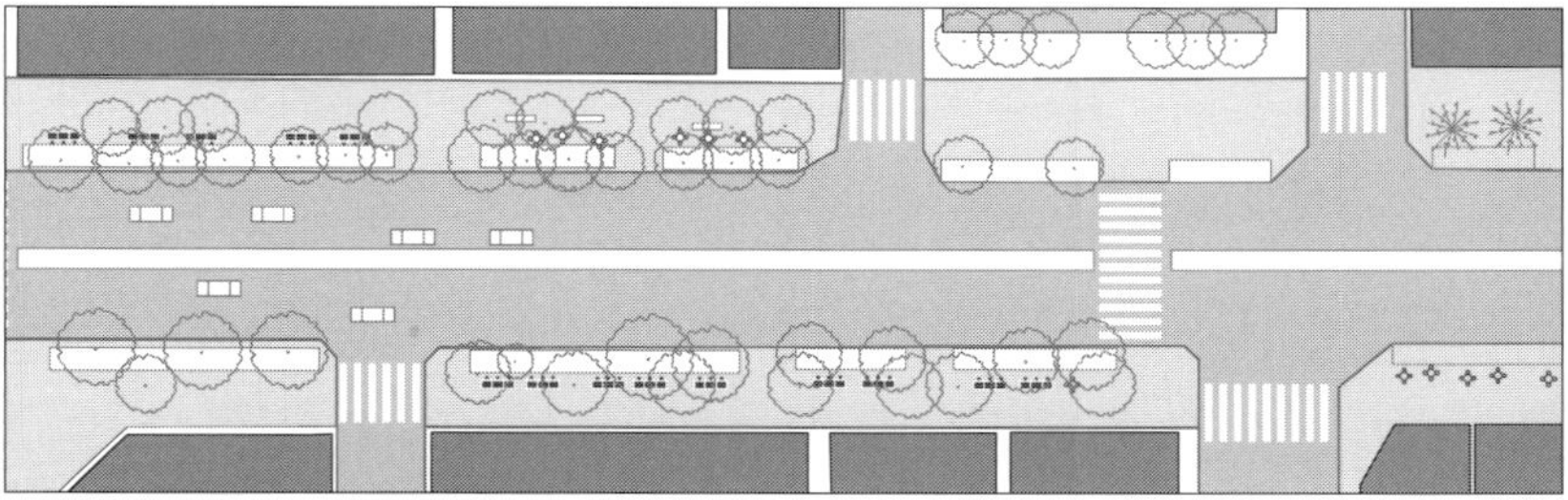

図4　Green Blvd Marketの店舗配置（歩道）

と沿道店舗は空間的につながっていないが、後者では沿道店舗が自店舗の軒先に机を並べて販売を行い、スムーズなオペレーションが行われていた。外部から来た出店者は、シャッターが閉まった空き店舗やマーケットに出店していない沿道店舗前に出店していた。

一方で、商店街以外では通行止めをした道路では開催されていなかった。その要因として、道路利用のハードルが高いことが考えられる（3章参照）。

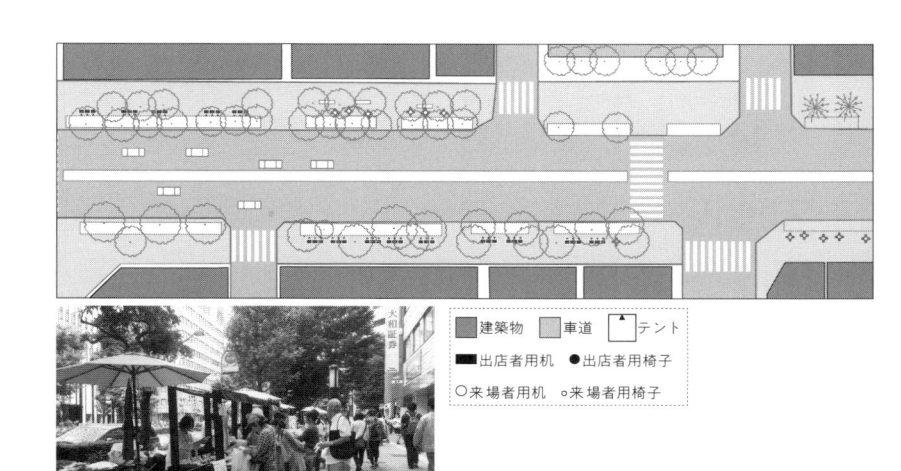

2　歩道

歩道を活用したマーケットは1事例に限られ、駅に直結する大通り沿いの幅員の広い歩道を利用したマーケットであった（図4）。歩道も道路であるため使用の許可が得づらい。加えて、設置する歩道に十分な幅員が必要とされる。通行量の多い歩道の利用では4mの有効幅員の確保を警察より求められることがあり、それに什器の幅（テントであれば約3m）を足した歩

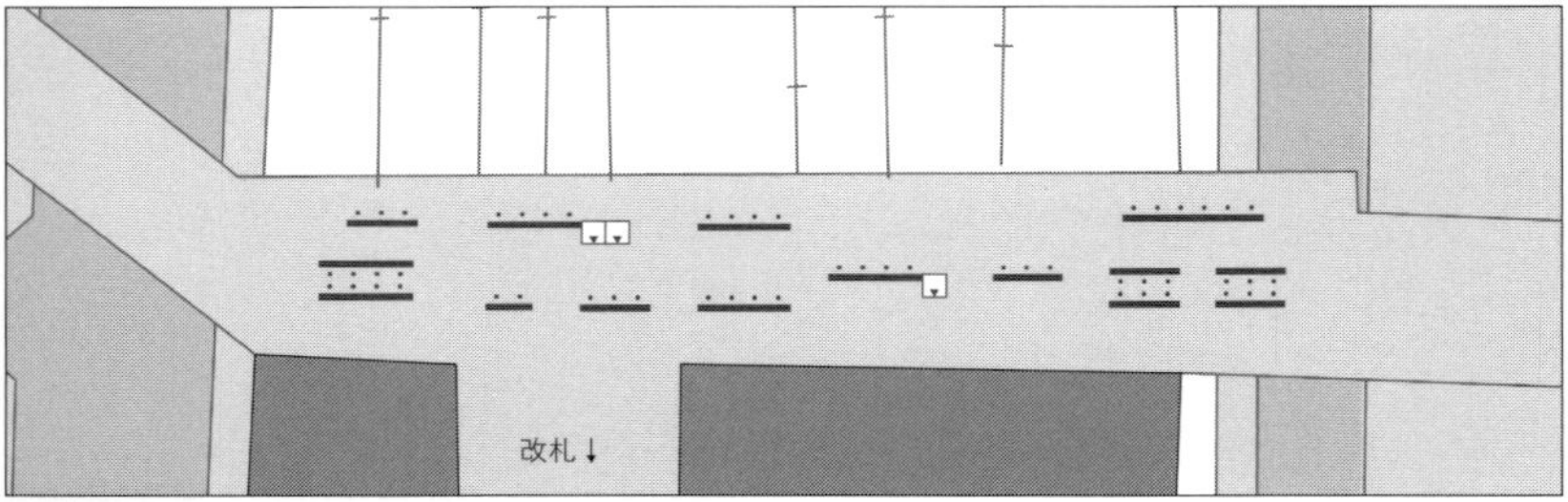

図5　REACH大崎クラフトマーケットの店舗配置（歩行者専用道路）

道幅員が必要になる。

店舗のレイアウトは、車道側に一列に設置され、幅員のほか、視覚障害者誘導用ブロック（点字ブロック）、消防用空地といった既存機能とのすりあわせが求められる。

3　歩行者専用道路

車道に並走しない独立した歩行者のための通路である歩行者専用道路を活用したマーケットは2事例あり、駅前の交通量の多い地下通路とペデストリアンデッキで開催されていた（図5）。歩行者専用道路は道路法で規定される道路の一種である。

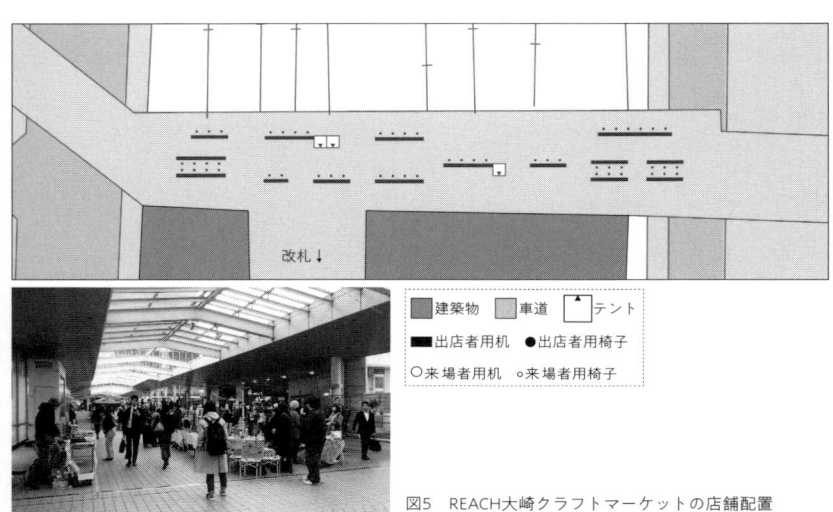

店舗は動線方向に並び、改札に面したペデストリアンデッキ上では改札に店舗の正面が向いたレイアウトであった。

歩行者専用道路および歩道での事例は駅に直結あるいはほど近くに立地しており、これは交通の結節点で

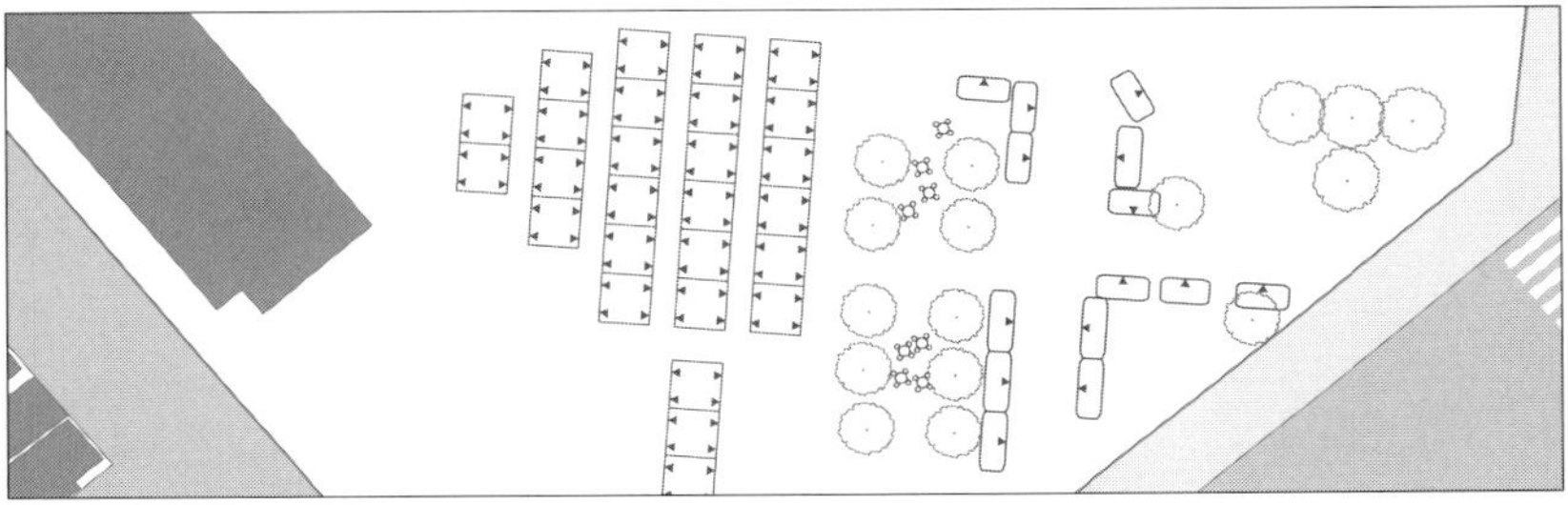

図6　太陽のマルシェの店舗配置（公園）

ある駅を中心とした日本の都市らしい立地といえる。

4　公園

公園を活用したマーケットは8事例あった（図6）。公園の使用には、都市公園法に基づき占有許可を公園管理者より得る必要があるが、厳しい制限はなく、道路や公開空地に比べると許可が下りやすい。代々木公園や駒沢公園といった大規模な公園の一角を利用した例もあれば、地域にある一般的な規模の公園である街区公園に設置される例もある。

公園で開催されるマーケットは、店舗の設置場所により、道路からの視認性、アクセスに大きな違いが見られる。半数のマーケットでは、道路から視認、アクセスできない公園内部に設置されていた。敷地が広いため、レイアウトの選択肢はたくさんあるが、多くは広場の中央に設置されていた。

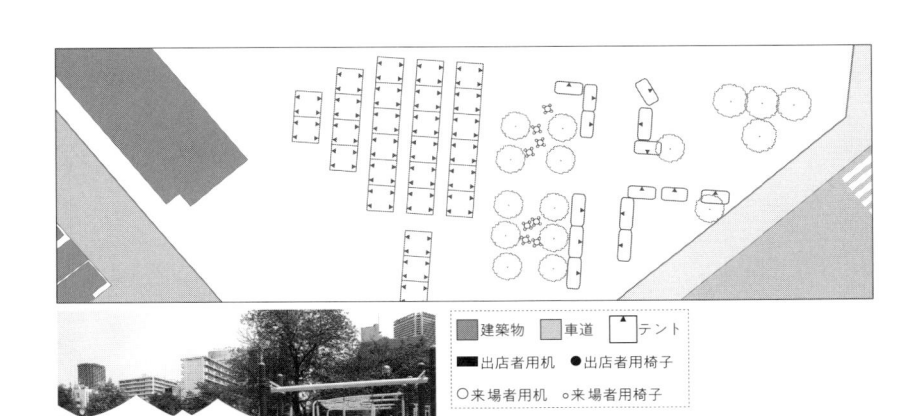

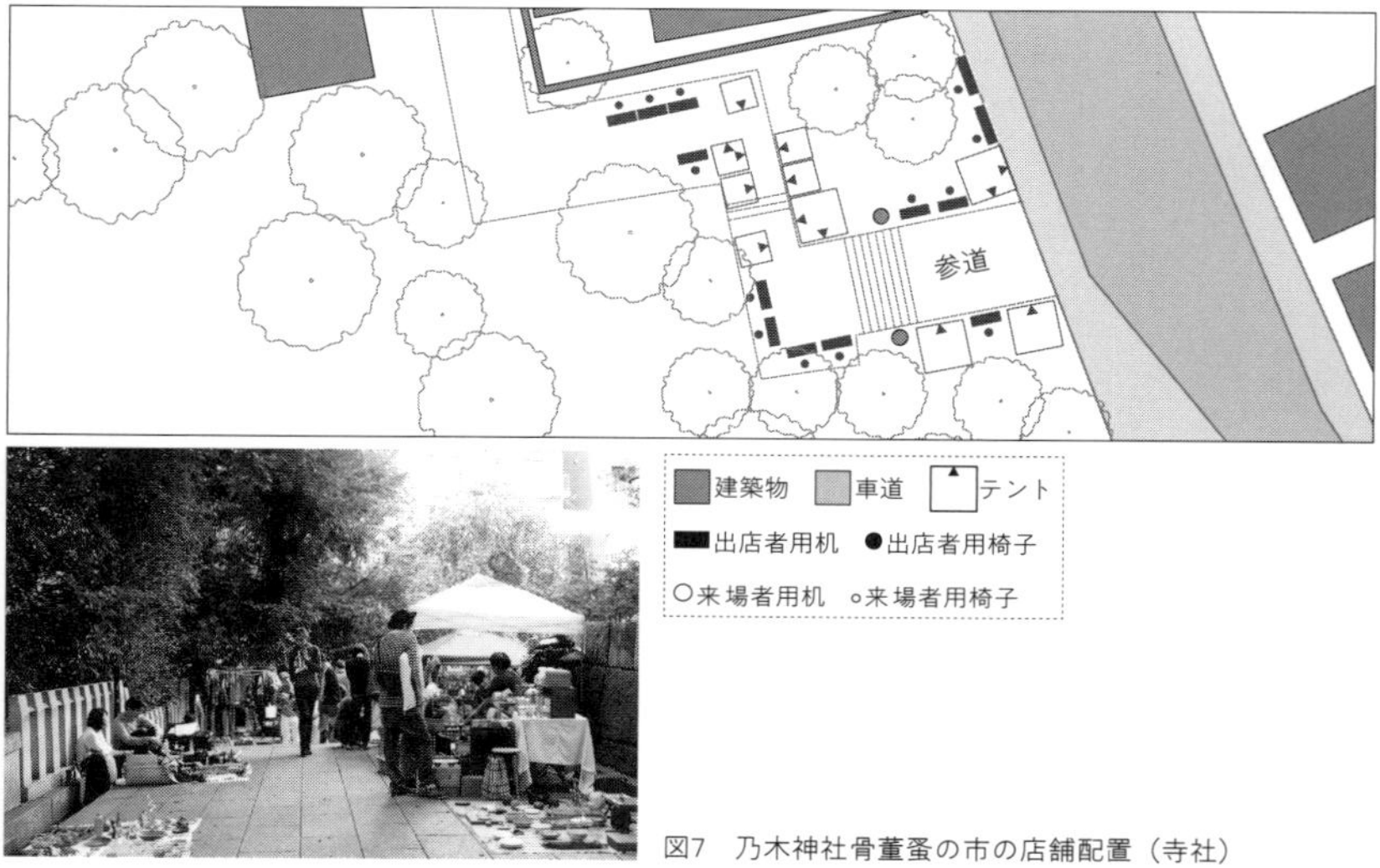

図7　乃木神社骨董蚤の市の店舗配置（寺社）

5　寺社

寺社を活用したマーケットは12事例と、比較的多かった（図7）。寺社は、私有地であり、所有者の許可があれば活用できる。靖国神社のように大きな神社から源覚寺のように住宅街にある寺まで、規模や立地の異なる寺社が利用されていた。寺社は道路に対して一点で交わり、そこから垂直に伸びる参道がそのままマーケットの動線として利用され、参道の左右に店舗が設置される。境内には多くの木々や余白のスペースが広がる。

6　公開空地

周辺環境への配慮のために建築基準法の総合設計制度によって設けられた公開空地を活用したマーケットは7事例あった（図8）。すべてのマーケットが大規模開発の広場空間で開催されており、「東京のしゃれた街並みづくり推進条例」が適用されていた（3章参照）。

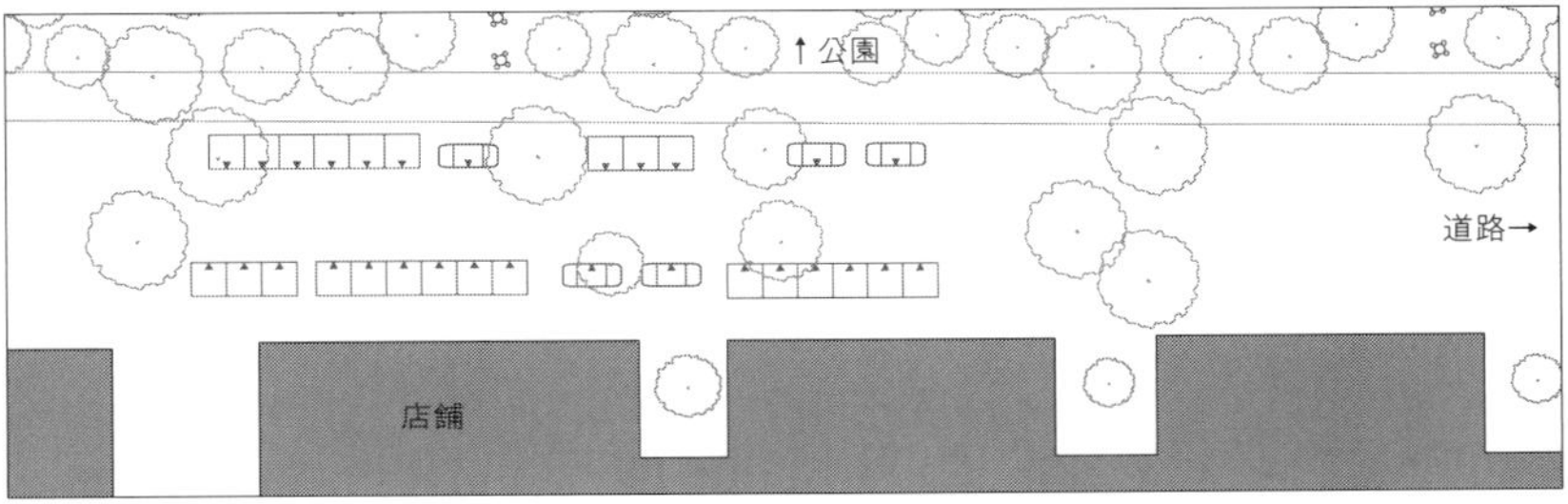

図8　なかのアンテナストリートの店舗配置（公開空地）

公開空地のマーケットは道路から離れた場所で開催され、来場者はマーケットを目的に来た人、あるいは周辺施設に来た人に限られる。

レイアウトはさまざまなパタンがあり、椅子やテーブルなどの滞在ツールや子どもの遊び場が設置されているところも多い。大規模開発であるため、公開空地に面した店舗の出店、敷地内にマーケット用の倉庫を設ける、屋根がかかり天候に左右されにくい、などの特徴を持ったマーケットもある。

7　私有地

私有地を活用したマーケットは16事例と最も多かった（図9）。私有地は活用の自由度が高く、駐車場、広場といった面的な広がりのある空地から、軒先や通路といった小さな緩衝空間を利用したマーケットまでさまざまある。立地や敷地の形状によっては、建物で遮られ、外部からはマーケットが認識できない例もあ

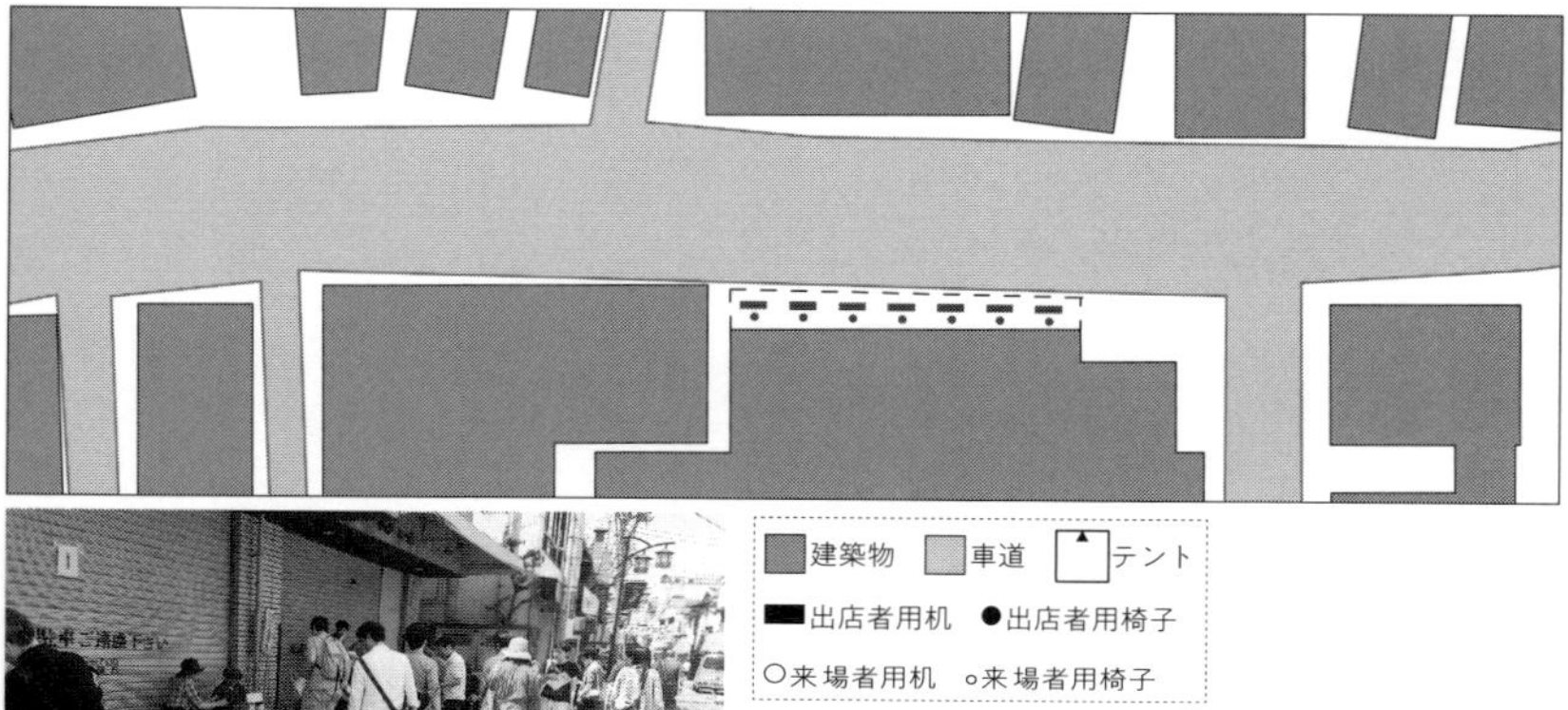

図9　不忍ブックストリートの店舗配置（私有地）

れば、軒先を利用し道路と連続している例もある。

以上から、東京で開催されているマーケットの公共空間の使い方についてまとめると、以下のような特徴が見られる。

①立地に関する特徴
・公園、公開空地では道路からのアクセス・視認性が低い
・駅付近に立地

②場所性に関する特徴
・寺社の参道は日本独自の活用
・通行止めをした商店街での一体型活用

③制度に関する特徴
・道路の活用では歩行者通行帯の確保
・車両通行止めをした道路の活用は商店街に限定
・公開空地の活用は大規模開発に限定

東京とロンドンのマーケットの比較

前述した通り、東京のマーケットはさまざまな公共空間で開催され、立地や場所性、制度などから複数の特徴が見られる。一方、ロンドンのマーケットでは長きにわたり、道路で開催されてきた。ここでは、東京のマーケットとロンドンのマーケットの公共空間の活かし方を比較し、今後、日本の公共空間でより広くマーケットを利用するポイントを提示したい。

1　道路利用のハードル

【東京】道路利用への厳しい制限
⇔
【ロンドン】道路利用でまちのイメージを向上

ロンドンでは、閑静な住宅街でも中心部の商業地でも、マーケットは道路を利用して開催されている。通行止めをした道路、歩道に加えて、路上駐車場も活用され、道路幅員や周辺の実情に応じ

車道利用
（Leather Lane Market）

歩道利用
（Plender Street Market）

路上駐車場利用
（Chalton Street Market）

歩道と路上駐車場利用
（Birchington Road Market）

歩道と車道利用
（North End Road Market）

スクエア利用
（Southwark Park Road Market）

写真1　ロンドンのマーケットの店舗の設置場所

①道路形状によるもの

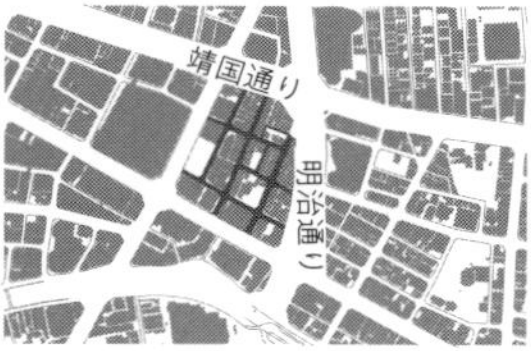

②都市形状によるもの

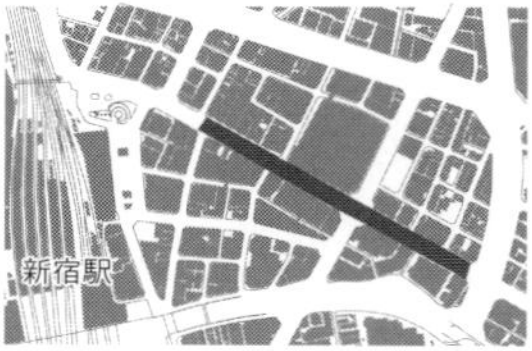

③日時によるもの

図10　都内で通過交通の少ない道路

て、交通とマーケットの共存を可能にしている（写真1）。家の近くの道路や通勤途中の道路で開催されることで、多くの人にマーケットへ訪れるきっかけを与える。また、仮設的に現れるマーケットは、非開催日と開催日で、その場所の風景を大きく変化させる。また、普段は車が走る車道を歩くことは非日常的な体験でわくわくする。

道路がまち全体のイメージを決定づける重要な要素であることについては、複数の研究者により指摘されている。たとえば、視覚的構成要素としてパス（道路）、エッジ（縁）、ディストリクト（地域）、ノード（接合点、集中点）、ランドマーク（目印）の五つの要素により都市のわかりやすさを分析した、アメリカの都市計画家ケヴィン・リンチは都市のイメージを決定づける要素として、「path（＝道路）が最重要だ」と挙げ[*1]、アメリカのジャーナリスト、ジェーン・ジェイコブスは「ある都市を危険だと判断するのはその都市の道路が危険な場合だ」と述べている。[*2] また、ロンドンでは魅力的なマーケットがあることがまちの魅力と捉えられ、資産価値の向上の一因とも捉えられている（5章参照）。

一方、日本では現在、道路でマーケットを簡単に開催することはできないが（3章参照）、東京でも、形状が原因で通過交通が少ない道路や、オフィス街など時間帯によって交通量の少ない道路があり、マーケットに活用できる可能性はある（図10）。人々が日常的に利用する道路は都市のアイデンティティを形づくる上でも影響が大きい。道路のさらなる活用に向けた施策が必要である。

2　立地・アクセス

【東京】公園、公開空地で道路から離れた場所に立地

⇔

【ロンドン】広場でも道路との連続性を担保

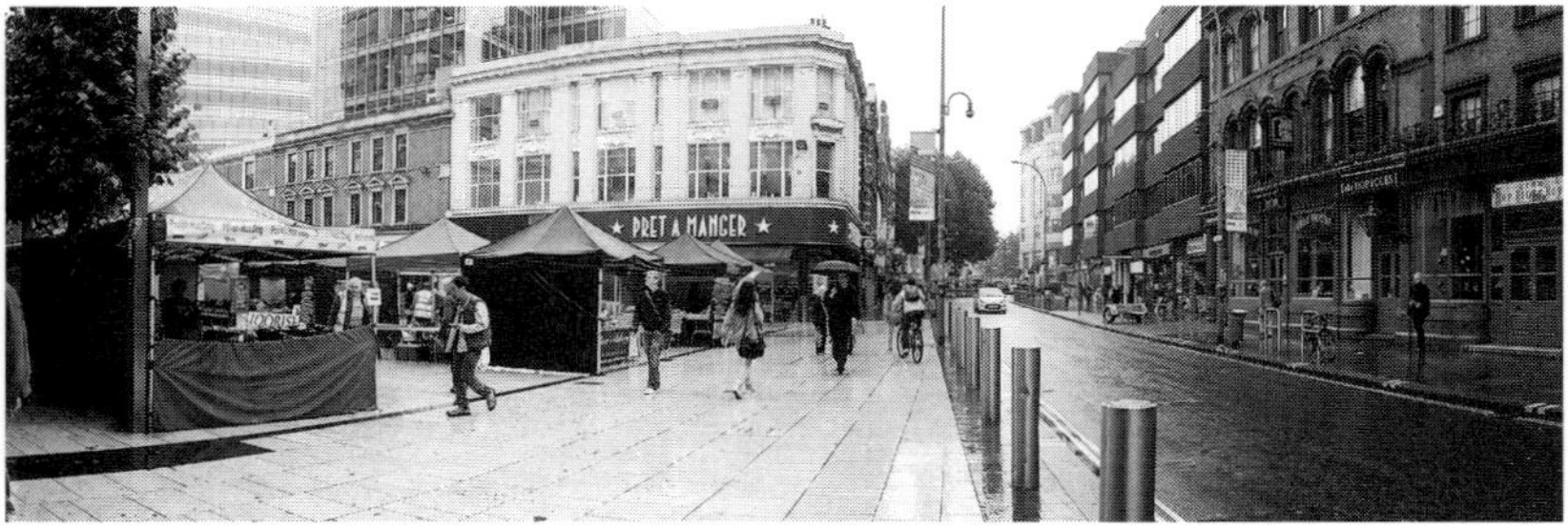

写真2　ロンドンの広場で開催されるマーケットと道路の連続性（Lyric Square Market）

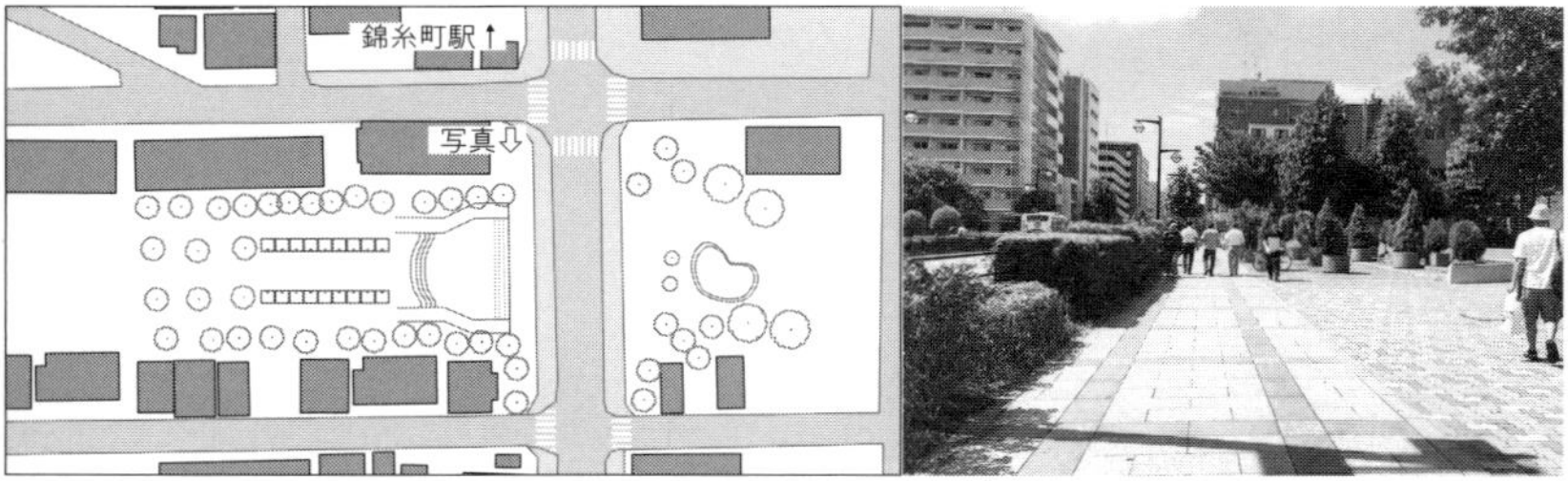

現状

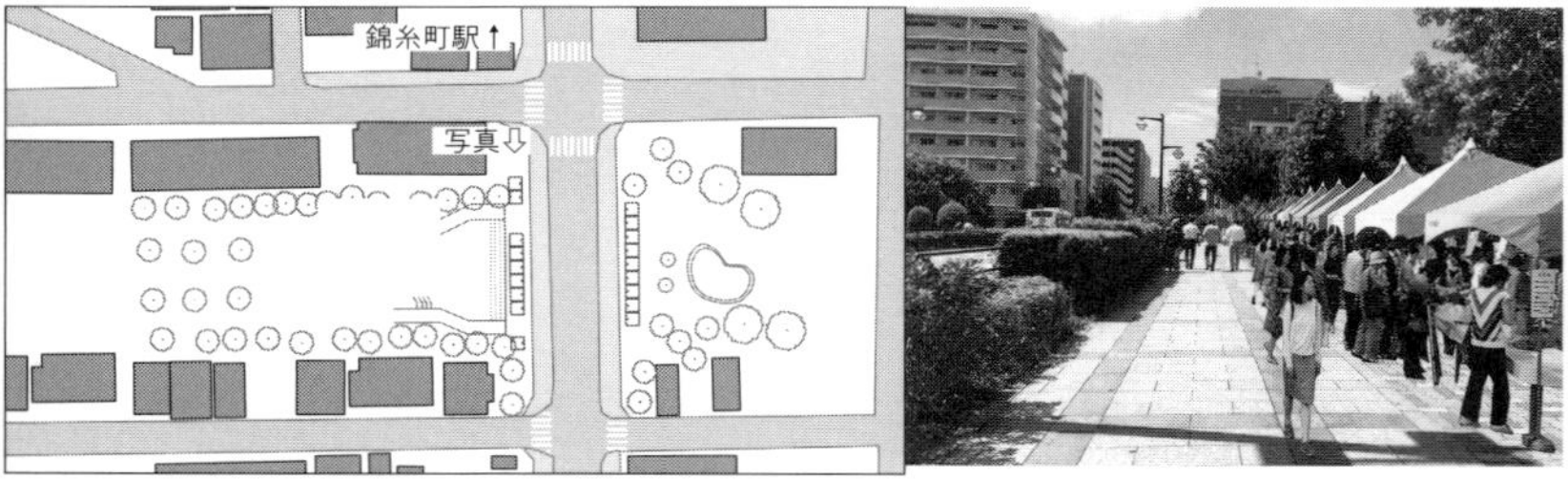

提案（イメージ）

図11　道路からのアクセスや視認性を改善するマーケットの設置案

ロンドンでは、スクエア（広場）で開催されるマーケットでも、一面以上が道路に面しており、広場と道路の間にはゲートやフェンス、段差といった障壁になるものはない。車の進入を制御するボラード（杭）が車道と歩道の間に設置されるが、歩道と広場の間には歩行者の通行や視線の妨げになるものは設置されず、道路と連続し、道路からのアクセスや視認性がある（写真2）。

一方、東京の公園や公開空地で開催されるマーケットは、道路から離れた場所に設置されることが多く、マーケットを目的に来た人、またその場所に他の目的で来た人に来場者が限定される。道路からの視認性とアクセスを考慮してマーケットの設置場所を決定することで、通行人を集客し、出店者の売り上げを向上させる。また、道路に賑わいを生み、まちのイメージを向上させる効果が期待される（図11）。

3　通路幅員の規定

【東京】道路利用では通路幅員の確保

⇔

【ロンドン】狭い通路による独特な空間体験

ロンドンではマーケット内の通路の幅員に対しての規定はなく、幅員の狭い通路も多く、ヒューマンスケールの独特な空間を体験できる。特に、マーケットの裏側と沿道建物に挟まれた通路では、幅1・2m程度のすれ違うのが難しいほどの通路が多くのマーケットで利用され、混雑するメインの動線を回避する副動線として活用されていた（図12、13）。通路幅の規定はなくても、自治体職員による現場での管理の下、通路が物で埋まるなどの問題は起こらず、スムーズな運営が行われている。

一方、日本の道路では道路構造令に規定された通路幅員の確保が求められる。道路の種類や通行量により、2〜4mの有効幅員が必要とされ、マーケットを設置する際にも、この幅が確保されていた（図13）。道路構造令では幅員に対して柔軟規定も設けられているが、自治体職員の8割は柔軟規定を知らず、知っている場合でも使いづらいようだ。[*3]

現場の状況に則した判断の下、柔軟に通路の幅員を決定することができれば、現在の規定では幅員が不十分で開催できない道路上でもマーケットの導入が可能になる。

4 観光資源として展開

【東京】寺社の参道を利用した日本独自のマーケット

⇔

【ロンドン】世界中から観光客を呼ぶマーケット

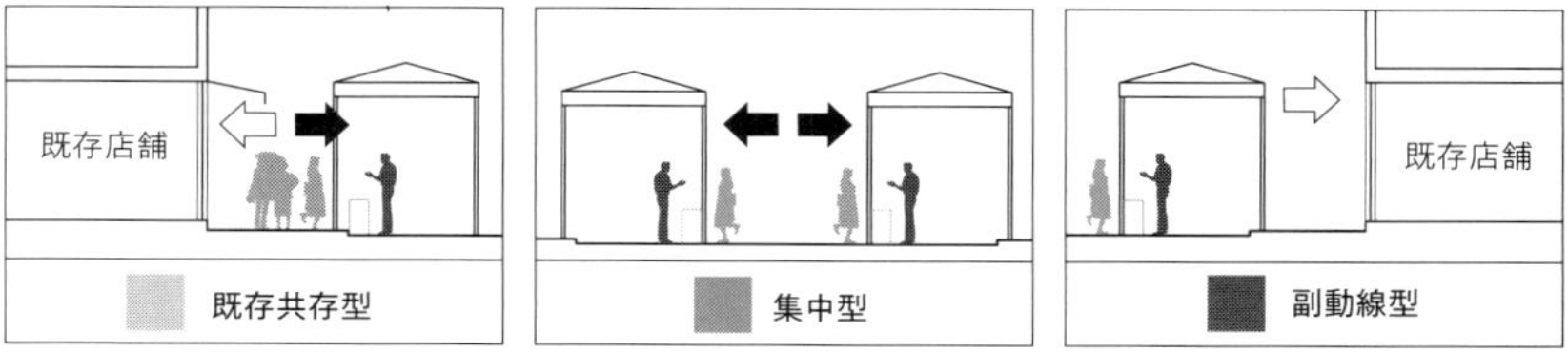

図12　マーケット内の通路タイプ

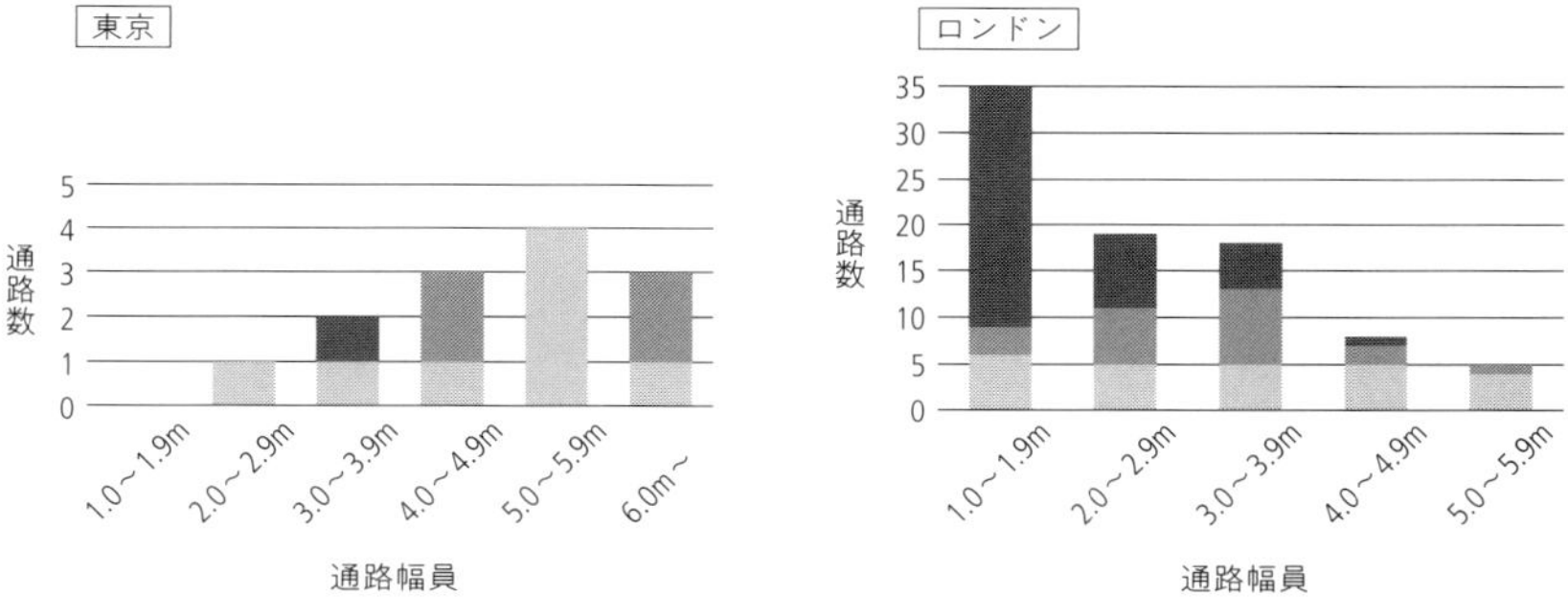

図13　道路で開催されるマーケット内通路の幅員

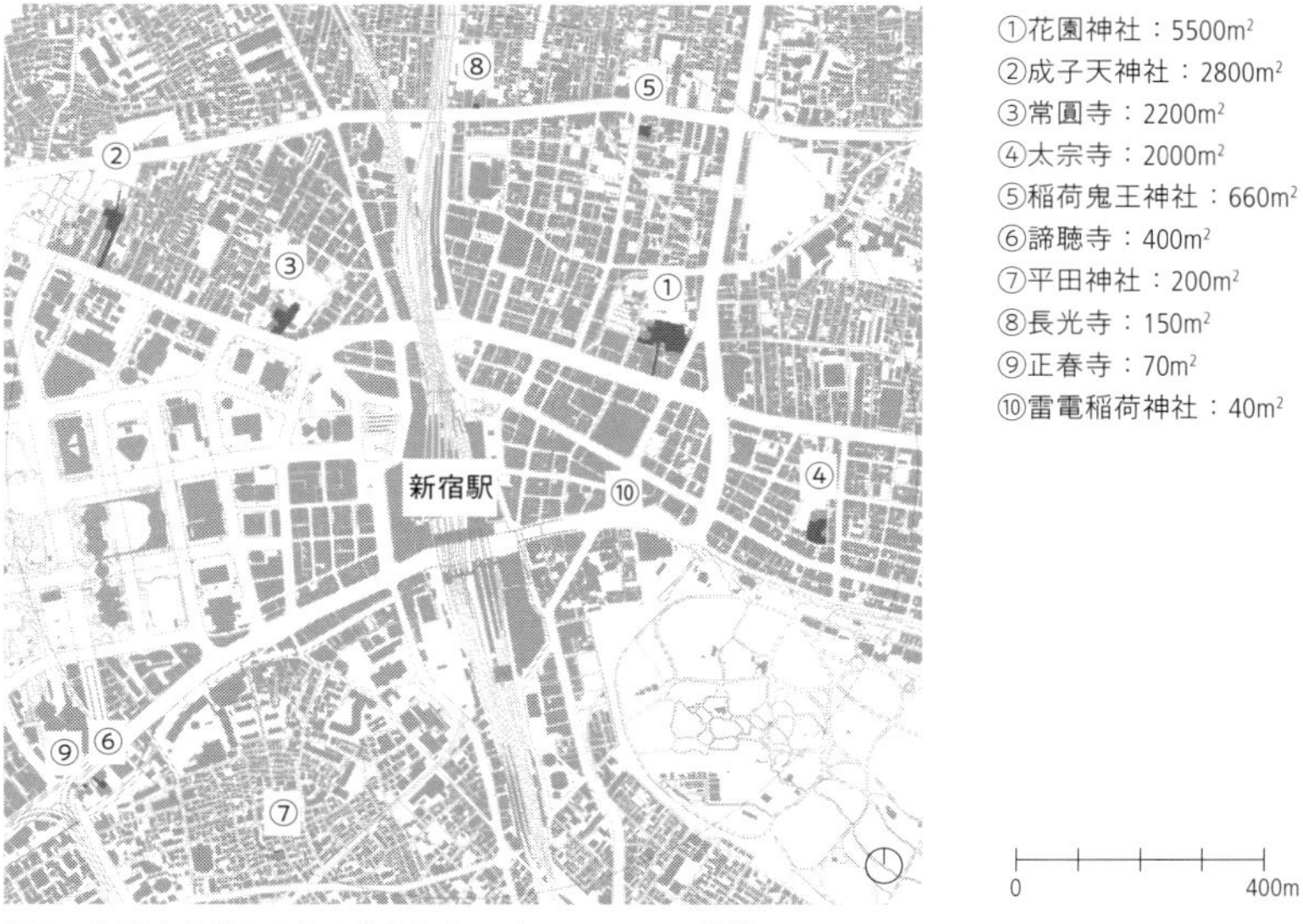

図14　東京中心部の寺社の分布とオープンスペースの面積

東京の寺社で開催されるマーケットは、参道に露店が並ぶ伝統的な活用でもあり、ロンドンや諸外国では見られない日本独自のマーケット空間である。寺社はかつて、祭りや地域の会合、子どもたちの遊び場として地域の中心的な存在であったが、檀家制度の弱体化が進み、公園や集会施設の整備など機能分離が行われ、寺社の公共空間としての機能が希薄化している状況がある。都心部であっても、マーケットを開催できる十分なオープンスペースを持つ寺社は多数あり（図14）、マーケットの開催によって寺社が再び、地域の人々の居場所となる可能性がある。また、日本独自の寺社でのマーケットは、観光資源として地域経済の活性化の効果が期待できる。

また、寺社での開催に限らず、地域の営みをビジュアル化し、対面販売で地元の出店者と話しながら買い物ができるマーケットの特性は、観光客にとって訪れた地域の文化に触れることができる場として魅力的である。ロンドンでは、2章で紹介したポートベロー・ロード・マーケットなど観光客に人気のあるマーケットも多く、市の観光戦略としても位置づけられている（2章参照）。

5 商店街との連携

【東京】通行止めをした商店街との一体型活用

⇔

【ロンドン】沿道店舗とマーケットは異なる店舗

写真3　東京の商店街とマーケットの一体型活用

ロンドンでは、商店が並ぶハイストリートでマーケットが開催されることがあっても、沿道店舗とマーケットに出店する店舗はそれぞれ異なる。

一方、東京では商店街組合がマーケットの実施主体となり、沿道店舗が自店舗の軒先を利用し出店するなど、商店街とマーケットが一体として活用されている。日本各地で商店街の衰退が指摘されているが、マーケットの開催が、商店街に人々を呼び込み地域経済を活性化する手段となる（写真3）。

＊1　Kevin Lynch, The Image of the City, The MIT Press, 1960

＊2　Jane Jacobs, The Death and Life of Great American Cities, Random House, 1961

＊3　柔軟性のある道路構造令のあり方検討委員会「道路構造令の運用実態と改善策の方向性―裁量と責任による自立的運用に向けて」国土交通省ウェブサイト、2009

INTERVIEW

広場×マーケット

公共空間を活用するフック

山下裕子（広場ニスト）

地域経済の中心だった広場とマーケット

鈴木　まず、山下さんとマーケットとの出会いについて教えて下さい。

山下　私は団地育ちで、子どもの頃は団地の中にあるスーパーマーケットで買い物をしていたので、マーケットは身近になかった。人づてに、お祭りの露店には店主とやりとりしながらオリジナルの七味をつくれるという話を聞き、そういったライブ感は面白そうだなと思っていました。

鈴木　私も郊外育ちで、商店街など対面販売のライブ感に憧れていました。意外とそういう原体験がないからこそ、マーケットに価値を見出している気がします。

近年、広場の活用手法としてマーケットがよく登場します。マーケットが広場のコンテンツとして選ばれる理由は何だと思いますか？

山下　フィンランド語では広場とマーケットが「tori」という同義語なのです。市場（マーケット）が立つということは地域経済の中心が広場であるということ。今は物流が発達して、地域経済の中心地という意識は希薄になっているけれど、昔は地域のものが集まってくるしくみが広場として存在していた。つまり、地域内で経済活動を担っているのが広場であり、イコール「マーケット」であった。

鈴木　広場とマーケットが同義語であるというのは面白いですね。日本語の市が「まち」という意味をもっていることと似ていますね。

マーケットと広場の関係を考えた時、かつては、都市ができる時に、人が集まり、商いをしてマーケットとなり、広場ができた。今の日本でも、新しく広場ができるとマーケットが開催される。

山下　現代の広場でマーケットが開催されるのは必然だと思う。みんな、広場にはマーケットが必要だと本能的に気づいている。広場をまちの真ん中につくるのも本能的。マーケットがあると、ものが集まり、人が来て、事が起きる、きっかけになる。

鈴木　マーケットがあることで、広場にリズムをつくっているのかもしれないですね。公共空間は時間軸がはっきりしていなかったり、貧弱だったりする。毎週決まった時間に開催されるということが大事なのかもしれませんね。

広場に来たくなる「フック」と、滞在できる「余白」

鈴木　広場で開催されるコンテンツとして、たとえば企業の販促イベントや自治体のイベント、市民の展示イベントなどと、マーケットでは、どんな違いがありますか?

山下　マーケットが定着してくると、そこにいる人に会いに行く人が増えてくる。マーケットは実は人に会いに来ているんですよね。

富山グランドプラザのココマルシェ

富山グランドプラザで10年以上「CoCo Marché.（ココマルシェ）」を開催しています。グランドプラザで一番使用料を払っているのは、このマルシェを主催する平山さんです。グランドプラザ開業時にここでマルシェの開催を希望され、始められました。ココマルシェでは、彼女が本当にいいと思ったものしか販売せず、このマルシェには県内外から出店希望があり、開業当時唯一の目的地になる催事でした。

実は、広場は空っぽなので、目的地にはなりません（笑）。

鈴木　広場が目的地にならない、というのは意外なようで納得です。

山下　広場や公園などの公共空間には何かしらのフックが必要です。富岩運河環水公園（富山市）はスターバックスが出店し、コーヒーを飲むという目的ができて人が集まるようになり、さまざまなアクティビティが生まれています。マーケットは開かれたフックとしても、とても魅力的ですね。

マーケットで買い物をすることで広場に滞在すると、自ずと広場への愛着が深まります。そして、滞在するためにはちょうどいい余白が必要で、カフェでもマーケットでも、核（目的）だけでなく余白のデザインも大切です。

鈴木　確かに、余白を生むレイアウトや設えの重要性はすごく感じます。広場を活用する際に、よい／悪いレイアウトがあれば教えて下さい。

山下　広場でやってはいけないことは閉じること。ベルトパーテーションをたくさん立てたりすると、それだけで心のバリアができる。広場は開いていて、そこで行われる活動が誰からも見られることが魅力であり、より興味がそそられる設えを考える必要がある。だから、場をディレクションできるディレクターの存在が重要なのですが、それができる人がなかなかいない。

鈴木　すごくわかります。マーケットの設営途中に、出店者さんに2m移動してほしいといったお願いをすることはよくあります。広い公園でこの2m動かすことに何の意味があるのか、伝えるのは難しいのですが、居心地のよい空間をつくるためには妥協せず、要望を聞いてもらえる信頼関係を築くことが大事だと思います。

マーケットの価値は過小評価されている

山下　地域で行われているマーケットは、ボランティアで運営されていて人工《にんく》計算をしていない場合が多い。そう考えると、自治会の地域内活動と同じなのに、物販をしているから商売をしていると捉えられることに違和感があります。

鈴木　私も公園使用料を市に支払ってマーケットを開催していますが、その理由もやはり物販を伴うからということでした。使用料が高くないので、出店料から支払って運営しています。

山下　行政が所有する広場は１m^2あたり１００円で借りられます。逆に企業が営利目的で使う場合はこの金額では安すぎる。グランドプラザは休日の全日使用料が20万円に設定されています。たとえば自動車メーカーがイベントをする時は20万円支払ってもらいますが、地域活動は優遇されています。[＊1] そうしたバランスをとりながら、グランドプラザは年間１３００万円の使用料収入があります。

鈴木　最後に、山下さんにとってマーケットとは？

山下　最近、気になっている地域内経済活動のしくみであり、公共空間活用へのフックになるのがマーケット。地域の旬の美味しいものが購入でき、会いたい人に会える場でもある。また自分の好きなものを追求しお客さんの反応をダイレクトに受け取れる場でもある。

マーケットがあるまちに暮らせることは幸せですよ。地域にはマーケットが必要だということに、もっと多くの人が気づいてほしいですね。

＊1　広場の担当課以外の課が後援名義を付けた場合のみ減免処置がある。

山下裕子
全国まちなか広場研究会理事、NPO法人GPネットワーク理事。2007年よりグランドプラザ運営事務所勤務。2010年より株式会社まちづくりとやまでグランドプラザ担当。2014年広場ニストとして独立。著書に『にぎわいの場　富山グランドプラザ』。

5章 マーケットがまちに生みだす効果

マーケットが生みだす15の効果と、効果を引きだすアクション

マーケットは、まちを変えるきっかけとなる多様な効果をもたらす、優れた手段である。マーケットを手段として使いこなすためには、まず、その効果を把握することが重要である。本章では、マーケットがまちに生みだす効果について、ロンドンと東京での調査をもとに解説する。

ロンドンでは政府機関が発行している報告書[*1、2、3]およびロンドンの空間戦略を示すロンドン・プラン[*4]から、東京では3章で取り上げた三つのマーケット（Farmer's Market@UNU、ヒルズマルシェ、小石川マルシェ）および現在は行われていない一つのマーケット（池袋Green Blvd Market）について、それぞれ運営者、出店者、来場者、合計約400名にインタビューを行った結果から分析している。さらに、他のマーケットでのインタビュー、文献調査、自身のマーケット運営経験をふまえ、マーケットの効果について解説する。

マーケットがまちに生みだす効果は大きく「生活の質」「経済」「環境」の三つに分類される（図1）。「生活の質」を「社会」に置き換えると「社会」「経済」「環境」となり、国連が提唱する持続可能な開発の三つの支柱に一致する。コミュニティの居場所といった生活に密着した効果から、観光資源、雇用創出といった地域経済への効果、環境負荷の軽減まで、その効果は多岐にわたる。ま

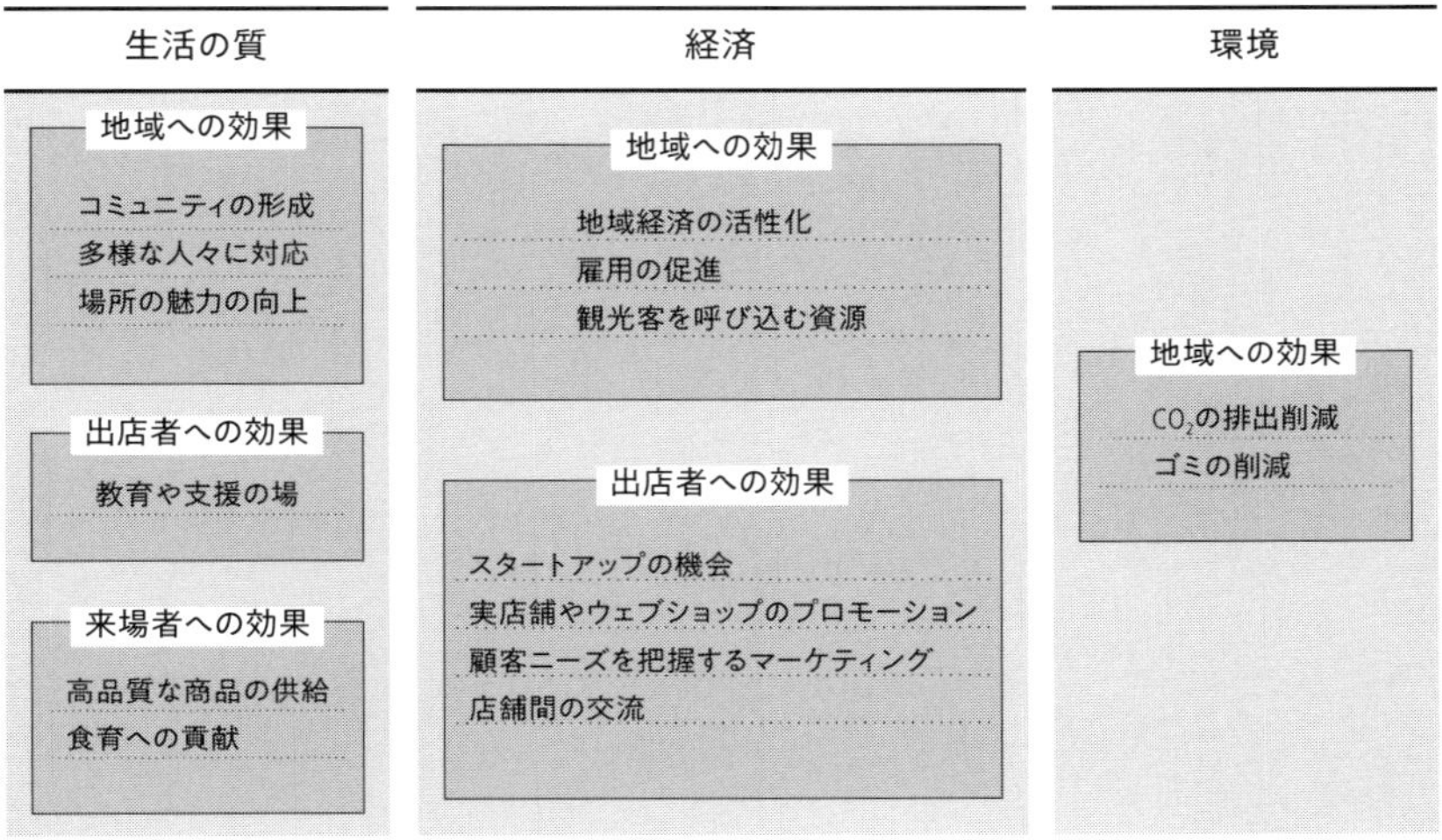

図1　マーケットがまちに生みだす15の効果

た、東京のマーケットとロンドンのマーケットではその効果に差が見られる。

ここでは、マーケットがまちに生みだす15の効果を取り上げ、それらを引きだすアクションについて、比較的取り組みやすいものを紹介する。

1　生活の質の向上

マーケットは地域に密着し、そこに住む人々の生活の質（クオリティ・オブ・ライフ）を向上させる。人々の居場所となり、コミュニティを形成し、高品質な商品との出会いの機会を与え、食材の知識を広げる場となる。

効果1　コミュニティの形成：仮設だが「仮」ではない

マーケットの主な顧客は地域住民であり、対面販売を通じて、出店者と住民の間には自然とコミュニケーションが発生する。ロンドンのマーケットの出店者は平均19年、マーケットに出店しており[*5]、出店者の多くは住民と顔なじみである。週に一度現れる、仮設の空間であっても、継続的に開催することで、人と人をつなぐコミュニティの場となっている。

東京のマーケットでも、小石川マルシェでは来場者の71%、ヒルズマルシェでは66%がマーケットの開催区内に居住しており、地域の人による利用が主である。普段マンション内では人に出会わないが、マーケットに来れば馴染みの出店者と話をするのが楽しみと話す人もいた。

ヒルズマルシェでは当初からコミュニティづくりを意識しており、出店者には継続的に出店できることを条件として課している（3章参照）。2009年の開始以来、現在まで継続している出店者もいる。その結果、ヒルズマルシェの来場者へのインタビューでは、「馴染みの出店者がいる」ことが最大（約3割）の来場動機となっている。ヒルズマルシェは他にも地域のイベントをマーケットと同時開催するなど、コミュニティを育む取り組みを行っている。

Farmer's Market@UNUでは、2011年の東日本大震災の翌日にもマーケットを開催し、常連客と出店者、スタッフが声を掛けあい、安否を確認したという（3章参照）。都心部でも、こうしたマーケットを媒介したコミュニティはしっかりと生まれている。

また、自治会会長や商店会会長などアポを取らないと会えない人にマーケットではカジュアルに会え、人に会うことを目的にマーケットに行くという人もいる。

効果を引きだすアクション　滞在時間を延ばし、交流の場に

来場者の滞在時間が延びると、出会いや交流の機会が増え、コミュニティの場となる。滞在時間を延ばすには、飲食やワークショップの出店、座具や子どもの遊び場の設置などが有効だ。

効果2 多様な人々に対応：老若男女みんなの居場所

マーケットはまちなかに立地し、顧客と出店者の距離が近い対面販売をすることで、多様な属性の人々に対応することができる。

まちなかの外部空間に立地することは、交通弱者にとっても、アクセスがしやすい。自家用車でアクセスすることを前提とした、郊外型のスーパーマーケットでは徒歩や公共交通で訪れることが難しく、車を運転しない人にとっては行きづらい。また、ハンディを抱える人にとっては、既存の商業施設にはドアや段差などの障壁が隠れているが、マーケットは道路や広場、空き地や駐車場といった外部空間にあるので、こういった障壁が少ない。このように日常生活の延長線上に立地していることで、生活圏が限られる老人や子ども連れにとってもアクセスしやすい。

また、対面販売であることは、来場者1人1人に合わせた対応ができる。耳の遠いお年寄りには丁寧に大きな声でゆっくりと説明をしたり、子連れで手がふさがっている人には荷物をまとめてあげたり、さまざまなハンディを抱える人が安心して買い物ができるホスピタリティがある。

さらにロンドンでは、人種や文化的マイノリティの人々の居場所にもなっている。移民の多い地域では、異国情緒あふれたマーケットがある。馴染みのある食材や商品が並び、母国の言葉がとびかうマーケットは彼らにとってほっとできるサードプレイスだろう。

効果を引きだすアクション　みんなが好きな野菜とパンの店を出店

多様な人々をマーケットに惹きつけるには、性別、年齢、趣向を問わず関心がある野菜とパンの店を出店する。また、野菜の店舗を外から見て一番目立つところに配置し、通行人を集客する。

効果3　場所の魅力の向上：周辺の不動産価値を高める

マーケットの開催日には多くの人が集まり、さまざまな商品が並び、いい香りがして、いつもの場所がいつもと違う場所に変化する。マーケットを通じて開催場所や地域の魅力に気づかせることもできる。東京では青山や六本木、小石川、青井兵和通りなど、長年、定期的にマーケットが開催されてきた地域では、「マーケットがあるまち」として人々に認識されている。

ロンドンでは、中産階級が多い地域ではオーガニックフードや輸入食材、雑貨などを扱うマーケットが人気を集めている。2章で紹介したチャッツワース・ロード・マーケットなど人気のマーケットの周辺にはおしゃれなカフェやパブもでき、さらには近隣の駐車場や学校でマーケットを開催する民間事業者も現れている。マーケットへの集客が周辺の開発に波及している。

イギリスでは、マーケットがまちの人気を高め、周辺住居の不動産価値が上昇していることも指摘されている。フィナンシャル・タイムズのウェブ版では、「ロンドンのマーケットと住宅価格には関係があるか？（Is there a link between London's street markets and house prices?）」というタイトルの記事が掲載されている。この記事では、不動産価値の上昇がマーケット単体の影響であるか、明確化することは難しいが、駅近く、公園近くの不動産価値が高いことと同様に、良質なマーケットが近隣にあることが不動産価値に影響すると指摘している。さらに同記事では、近年では高級エリアの象徴が、高級スーパーマーケット「ウェイトローズ（Waitrose）」から「良質なマーケット」に置き換わっていると指摘している。[*6] このトレンドは近年現れたものであり、ロンドンの都市部ではこうした中産階級向けのマーケットは増加傾向にある。

一方、不動産価値が大幅に上昇し、もと住んでいた住民が値上がりした家賃を払えず、退去せざるをえなくなる、いわゆる、ジェントリフィケーション（高級化）への批判も起きている。中産階級向けのマーケットが、ジェントリフィケーションの一つの象徴として捉えられることもある。

効果を引きだすアクション　場所の特性を活かした空間のデザイン

道路で開催する場合は、動線に乗ったリニアなレイアウトで道路全体を美しくまとめ、公園や広場で開催する場合は、人々が滞在する余地を残し、その場所を活かしたレイアウトを工夫する。

効果4　教育や支援の場：参加の目的は商品売買だけではない

マーケットは、出店料など出店に対する負担が少なく、実験的に商品を販売することができるので、東京のマーケットでは教育や支援の場として活用されている。

教育の場としては、大学のゼミで開発した商品をマーケットで販売したり、農業従事者向けのセミナーで消費者ニーズを把握するためにマーケットで販売する例などがある。また、運営の補助や当日の設営を地域の大学と共同で行うマーケットもある。

支援の場としては、売り上げを東北の復興支援、ユニセフなどの募金に充てることを目的とした出店や、国外の貧困地域の住民のつくったアクセサリーやカバンを販売している例もある。多くの人が集まるマーケットは、支援を必要とする対象について知ってもらう場としても有効である。

効果5　高品質な商品の供給：多様なライフスタイルを持つ人々にフィットする

マーケットでは、生産者が当日の朝に採った新鮮な野菜が手に入る。ここで述べる「高品質な商品の供給」には、中産階級のニーズに対応するものと、低所得者層のニーズに対応するものの二つのタイプがある。

中産階級のニーズに対しては、オーガニックフードなど栽培法や鮮度、加工法にこだわった商品、スーパーマーケットには流通していないような珍しい商品の供給が挙げられる。ファーマーズマーケットと呼ばれる生産者が直接販売するマーケットもこのタイプで、都心部を中心に人気が高い。品質を管理するための基準として、出店者を生産者に限定する、地域の農作物に限るなどの指針を打ち出しているマーケットもある。

低所得者層のニーズに対しては、新鮮な野菜を安価で提供できることが挙げられる。これは前述した「ロンドン・プラン」においても述べられていた。低所得者層の多い地域では、かごに山盛りにされた野菜や果物が低価格で売られ、多くの人で賑わっている。ロンドンのクイーンズマーケット（Queen's Market）で行われた調査では、同じ種類の食品を近隣のスーパーマーケットで購入するより、マーケットでは53％も安く購入できることが明らかになった。*7

効果6　食育への貢献：知らない食材や調理法を生産者から学べる

マーケットは対面販売であるため、生産者から直接、旬、調理方法、保存方法などを教えてもらうことができ、知らない商品でも安心して購入できる。スーパーマーケットやインターネットでの買い物と大きく違うのは、商品に触れ、人に触れて買い物できることだ。知らない食材との出会い、新しい発見はマーケットを楽しむ醍醐味の一つでもある。

また、ロンドンでは自治体がマーケットを通して面白い食育の取り組みをしている。「リリック・スクエア・マーケット（Lyric Square Market）」では、毎週金曜日、「ワールド・フード・マーケット」と題したマーケットが開催され、ランチの時間には多くの人で賑わっている。担当する職員にインタビューすると、「ここは世界の料理を学べる食育の場なんだ。マーケットではレストランに行くより手軽に世界の料理に親しむことができるからね」と、話してくれた。

2　多様な経済効果

物の売買をするマーケットは、当然、経済に影響を与える。ロンドンでは、マーケットの経済効果に焦点を当てた調査も行われ、雇用創出、周辺店舗への影響などがデータで示されている。東京では、売り上げに直接関連する効果だけではなく、実店舗の宣伝、顧客ニーズの把握といったビジネスのプロモーションやマーケティングの機会として活用されている。

効果7　地域経済の活性化：周辺店舗の売り上げを上昇させる

ロンドンのマーケットは約2億5千万ポンド（約375億円）の付加価値をロンドン経済に与え、これは小売業全体の1・3%を占めている。[*8] また、ロンドンのマーケットは、小売店が並ぶハイストリートで開催されるのが一般的であり、マーケット開催日の方が非開催日よりも近隣店舗の売り上げが上がることが確認されている。マーケットに食品を買いに来た人は、近隣の店舗でも平均3〜15ポンド（約450〜2250円）買い物をしており、近隣店舗に利益をもたらしている。[*9]

一方、日本ではマーケットが「競合相手」と見なされてしまい、近隣の店舗や商店街組合からマーケット開催への理解を得ることが難しいことがある。ロンドンの調査でも明らかなように、マーケットと既存店舗がお互いに相乗効果を与えられることがもっと広く理解されるべきだろう。池袋の nest marcheではマーケット開催日には、マーケットに隣接する飲食店の売り上げがあがるという（3章参照）。

また、マーケットの出店者や来場者は地域の住民であることが多く、マーケットは地域内の資本の循環の舞台となっている。地域の活性化を目的としている小石川マルシェでは来場者の71％、出店者の70％がマーケットの開催区内に居住している。

効果を引きだすアクション　近隣の出店者や地域組織との連携

地域性を高めるため、出店者を地域限定、または優先する。公募で出店者を集める場合も、積極的に地域の店舗や作家に声をかける。商工会議所、ＪＡ、商店街など地域に密着した組織との連携も地域とのつながりの強化に有効だ。

効果8　雇用の促進：マーケットだけで生計を立てられる

ロンドンでは1万3250人以上のフルタイムの仕事がマーケットによって供給されており、ロンドンの小売業界の雇用者の2・8％を占め、その数は近年上昇傾向にある。[*10] マーケットで働く人の多くは地域住民であり、地域の雇用を促進している。

東京のマーケットに関して雇用の効果は調査されておらず、私たちが行った152名の出店者へのインタビューでは、マーケットのみで生計を立てている人は1人もいなかった。その理由としては、マーケットの数が少ないこと、マーケットで買い物をすることへの馴染みのなさ、この二つの理由から安定した売り上げがたちにくいということが考えられる。

ロンドンでは、平日でも毎日どこかでマーケットが開催され、出店者の多くは、曜日ごとに複数のマーケットに出店している。一方で、東京のマーケットは数も少なく、ほとんどが土日開催であるため週に2日しか販売機会がなく、収入も限定される。

また、ロンドンの人々は日常的にマーケットで買い物をするが、東京では一部の人を除き、マーケットが日常の買い物の場になっていない。東京の出店者へのインタビュー調査では、売り上げに対する不満は全体の2割から聞かれ、不満として挙げられた項目の中で最も高かった。

効果9　観光客を呼び込む資源：暮らしの体験が新しい旅のスタイルに

ロンドンでは、観光資源となっているマーケットが複数あり、市の観光戦略の中で位置づけられている。2章で紹介した、アンティークや日用品を扱うポートベロー・ロード・マーケット（Portobello Road Market）や花専門のコロンビア・ロード・フラワー・マーケット（Columbia Road Flower Market）、世界各国の食品を扱うバラ・マーケット（Borough Market）は、国内外から人を集める「重要マーケット（strategic market）」として、ロンドン・プランにも挙げられている。

ロンドン政府観光局のウェブサイトでは、人気のマーケットを紹介するほか、開催日や販売品目、キーワードでマーケットを検索することができる。現地ではマーケット専門のガイドブックも書店に並ぶ。

東京でも、靖国神社で開催される大規模な骨董市や、食品や雑貨を扱うFarmer's Market@UNUでは、外国人観光客の姿が多く、出店者との交流を楽しんでいる。

特に、近年の旅行のトレンドはかつての名所巡礼から「暮らすように旅する」スタイルへと変化しつつあり、旅行中のアクティビティの一つとしてマーケットが選ばれているのだ。グローバル企業のチェーン店が並ぶ多くの都市で、マーケットは現地に住む人々の日常がビジュアルとして現れ、出店者との交流を通して、その地域の文化に触れることができる貴重な場なのだ。世界中の都市で、マーケットは観光客を集めている。

また、マーケットが観光資源として秀逸なのは、国内外から観光客を集める有名なマーケットであっても、地域住民も多く利用している点だ。2章で解説したロンドンのポートベロー・ロード・マーケットのように、観光客にも地元住民にも満足してもらえる体験と空間がデザインされている。

効果10　スタートアップの機会：常設店を持つ前のチャレンジに

マーケットは、常設店と比較して、出店に必要な初期投資が大幅に少ない。また、顧客の反応を直接確認しながら、トライ&エラーを繰り返せるマーケットは、スタートアップの場として最適だ。ロンドンでは大手企業も、個性的な独立店も、マーケットから生まれた店舗が多い（2章参照）。常設店を持つ前に、まずは初期投資の少ないマーケットに出店することがごく当たり前の選択肢として捉えられている。

東京の調査でも、約7割の出店者が実店舗を持っておらず、生産農家またはインターネットやマーケットでの販売を中心とする出店者であった。なかには、いずれ店舗を持ちたいという意見も多く聞かれた。ハンドメイド作品がマーケットでバイヤーの目に留まり、デパートで販売されるといった展開も起きている。

効果を引きだすアクション　出店のハードルを下げる

経験のない出店者の場合、売り上げの見込みをたてられない。出店料を売り上げベースで設定し、最低出店料を低くすることで、出店へのハードルを下げる。

効果11　実店舗やウェブショップのプロモーション：顧客に直接宣伝できる

東京では、マーケットで知ったお店の実店舗やウェブショップに訪れるといった、宣伝効果が期待されている。出店者へのインタビュー調査でも、各マーケットで5〜7割の出店者が宣伝効果を出店目的として挙げている。

宣伝効果としてマーケットが評価される理由として、ターゲットとする顧客層へ直接接触できることが挙げられる。宣伝の対象には地域の特性を反映した違いがあり、Farmer's Market@UNUやヒルズマルシェでは高品質な商品を求める顧客、小石川マルシェでは地元住民が意識されていた。出店者はターゲットとする層が集まるマーケットへ出店することで、より効果的に宣伝できる。

また、ネイルサロンやマッサージ店がワンコインで体験を行い、実店舗での予約につなげている。レストランやサロン系は実店舗へ、ハンドメイドの作家はウェブショップへ、マーケットでリピーターを獲得している。

ロンドンでは、マーケットそのもので生計を立てる人が多く、宣伝効果を期待する意見はなかったが、東京ではマーケットを次のビジネス展開に結びつけることが期待されている。

効果を引きだすアクション　ショップカードの作成・配布

来場者に実店舗に足を運んでもらうために、出店者は店名や連絡先が書かれたショップカードを作成して来場者に配布するとよい。店舗を持たないハンドメイドの作家もネット販売やＳＮＳの案内を添付することでファンを拡大できる。

効果12　顧客ニーズを把握するマーケティング：売れる理由、売れない原因がわかる

東京では出店者が顧客のニーズを把握する場としてマーケットを活用している。出店者へのインタビュー調査では、「顧客との対話」が「宣伝効果」に次いで出店目的として挙げられている。

インターネットでの販売、デパートなどでの委託販売では、売れる理由や売れない原因がわからないため、よりニーズに合った商品販売に向けた対応がしづらい。一方、対面販売であるマーケットでは、商品に対する顧客のダイレクトな反応を見て、価格、パッケージ、味、プロモーション、

何が人をひきつけ、何が問題なのかがわかる。わざわざコメントを求めなくても、値札を見て商品を置く人が多ければ、値段が高すぎるのだろうし、そもそも手にとる人が少なければプレゼンテーションに問題がある。

また、東京のマーケットは都内の一等地にあることも少なくない。都心部の客層が満足する品質や価格帯は、地方にいるとなかなかわからない。そうしたニーズを把握したい地方の出店者も多い。東海や北関東から、なかには四国からトラックで販売しにくる出店者もいる。店舗を持つ出店者があえてマーケットに出店している理由は、こうしたニーズ把握や宣伝効果など、現状の出店形態では得ることが難しい、マーケットならではの効果を求めているからだ。

効果13 店舗間の交流：店同士がつながりB to Bビジネスに発展

ロンドンの調査では確認されなかったが、東京のマーケットで顕著に表れていたのが店舗間の交流で生まれる効果である。出店者同士の対話、店舗間コラボレーション、販売ノウハウの情報共有などが行われていた。

混みあった時には、お互いに顧客の対応を手伝ったり、慣れた出店者は自分の店の準備が終わると、他の店舗に挨拶に回ったり、出店者同士の主体的なコミュニケーションが図られている。出店者の中には、「店舗間の交流」をマーケットの出店の楽しみとして挙げる人も多い。

また、マーケットでの出会いをきっかけに、農家や八百屋の出店者がレストランの出店者に卸しを始めたり、ハンドメイドの作家同士がコラボレーション商品を企画したり、似顔絵屋の出店者がマッサージ店のロゴをつくったりするといった展開が起きている。

また、出店の際のディスプレイや商品説明の方法などの販売ノウハウ、他のマーケットの情報などを出店者同士が共有している。多くの出店者は複数のマーケットに出店しており、マーケットの情報はマーケットで仕入れるのが一番だという。

3 環境にやさしい商業形態

ロンドンではマーケットの環境に対する効果が強調されている。立地、販売方法、輸送、パッケージの簡素化、外部空間の利用、といった複数の要素において環境負荷の少ない商業形態である。

効果14 CO_2の排出削減：一般的な流通網に頼らない直接販売

ロンドンのマーケットでは、地域の出店者が地域の商品を販売することが多く、物資の輸送距離が短いため、輸送による環境負荷が少ない。東京のマーケットでは、運営者の目的により、地域の出店者が大半を占めるマーケットもあれば、遠方から車で来る出店者も複数いるマーケットもあるが、遠方から来る場合でも生産者が直接持ってくるため、市場を介した流通に比べると移動距離は短い。

マーケットはまちなかに立地するため、来場者の多くが徒歩、公共交通で訪れることができ、車で訪れることを前提とした郊外型ショッピングセンターに比べて車への依存度が少ない。また、外部空間を利用するため、照明や空調といった設備で電力を消費しないことも環境負荷が少ない理由として挙げられる。

効果を引きだすアクション　公共交通でアクセス可能な場所で開催

車を運転しない人にもアクセスしやすいように、公共交通で来られる場所で開催する。また、ベビーカーや車椅子の利用者のために、段差や駅からの距離なども注意する。出店者を開催地域の近隣から募集することで輸送負荷を軽減できる。

効果15　ゴミの削減：必要最低限の包装とバッグの持参

マーケットでは、そのまま商品を手に取れる形で陳列、販売されることが多い。特に、野菜や果物は木箱やざるに並べられ、購入した量だけ、そのまま袋に入れて渡される。スーパーマーケットでは、一つ一つの商品が個包装され、それをさらに袋に入れて持ち帰るが、マーケットでは必要最低限の包装しかされないため、包装により出るゴミの量が少ない。また、自分のバッグを持参して買い物袋として利用する来場者も多い。

効果を引きだすアクション　マイバック、マイ食器持参を促進

マーケットオリジナルのエコバックを制作・販売し、買い物袋の持参を促すことができる。マイバックやマイ食器を持参した来場者に割引やサービスなど特典をつけることもできる。

成熟したロンドン、自由な東京

以上のように、東京のマーケットもロンドンのマーケットも同様の効果が多く確認され、対面販売であること、個店の集合であること、地域の実情に柔軟に対応できることなどマーケットが本来持つ特徴が多様な効果へと広がっている。

一方で、マーケットの成熟度の違いから、東京とロンドンではマーケットの効果に異なる特徴も見られる。

ロンドンではマーケットで人々が買い物をすることが定着しており、平日、週末問わず、各地で開催され、その数も多い。そのため、雇用創出、周辺店舗への波及など、経済効果が大きい。

一方、東京ではマーケットのみで生計を立てている人は確認できず、雇用創出の面では大きな差がある。しかし、実店舗の宣伝、顧客ニーズの把握、店舗間の交流といった、ロンドンでは見られなかったビジネス展開につながる効果が確認できた。

また、東京のみで確認された効果として、教育や支援の場としての活用がある。こうした東京ならではの特徴を成立させている背景には、出店者が売り上げを主目的とせず、多様な販売目的が許容される、未熟なマーケットならではの自由さがある。

いずれ東京のマーケットが成熟していけば、必然的にロンドンのマーケットが持つような経済効果が生まれてくるであろう。その時に、今の東京のマーケットの自由さがもたらしている効果も継続して発揮できれば、ロンドンとはまた違うマーケット文化が生まれてくるのではないだろうか。

都市環境を改善する戦略としてのマーケット

世界各地の都市戦略の中でも、マーケットの効果は言及されている。

ロンドンでは、2章でも述べた通り、ロンドン市長発行の空間開発戦略「ロンドン・プラン」にて、食料供給、観光資源としての必要性が述べられている。

またWHO欧州は、自治体が健康都市を促進する上でとるべき行動として、健康的な食品を販売するマーケットを設置すること、特に低所得者層の住む地域にマーケットを設置することを挙げている。[*11]

また、アメリカのグリーンビルディング協会（USGBC）が運営する国際的な環境性能認証制度「LEED for Neighborhood Development（LEED N.D.）」においてもマーケットは評価されている。

LEED N.D.では都市開発に対してその環境性能を評価するシステムだが、生産者が直接農作物を販売するファーマーズマーケットが開発エリアの近くに存在し、開催頻度など一定の条件を満たすことで、加点の対象となる。[*12]

今後、日本においてもマーケットが日常的に広く使われるようになると、マーケットが都市環境を改善するツールとして戦略的に活用されるようになるだろう。

＊1　Development Agency, Mayor of London, London Food, Trading Places: The Local Economic Impact of Street Produce And Farmers Markets London, 2005
＊2　London Assembly Economic Development, Culture, Sport and Tourism Committee, London's Street Markets, 2008
＊3　London Development Agency, London's Retail Street Markets- Draft Final Report, 2010
＊4　London Plan, Mayor of London, 2008, 2011, 2016
＊5　前掲＊2
＊6　Hugo Cox, Is there a link between London's street markets and house prices?, Financial Times, 2015
＊7　前掲＊2
＊8　Understanding London's Markets, Mayor of London, 2017
＊9　前掲＊1
＊10　前掲＊8
＊11　Peggy Edwards & Agis Tsouros, Promoting physical activity and active living in urban environments. The role of local governments, WHO Regional Office for Europe, 2006
＊12　U.S. Green Building Council, LEED v4 for Neighborhood Development, 2018

INTERVIEW

プレイスメイキング×マーケット

都市へのコミットメントを育む場

園田 聡（ハートビートプラン）

プレイスメイキングとマーケットの相似性

鈴木　まず、園田さんとマーケットとの出会いから教えてもらえますか。

園田　自分の中でマーケットを意識して見るようになったきっかけは5、6年前にタイのバンコクを旅行した時でした。チャオプラヤー川の船着場に向かう小さな道の両脇に所狭しと屋台のようなマーケットが出ていました。背後の家の軒先を利用して、狭い歩道を挟んで椅子やテーブルも並んでいた。猥雑な雰囲気なのですが、とても好きな光景でした。

水上マーケットもその商魂たくましさに驚きました。川の上流の森や畑で採れた作物や加工品を下流の都市部に売りにくるという光景は、物流の原点を目の当たりにしたような気分になり、とても興奮したのを覚えています。

タイ・バンコクで出会ったマーケット

鈴木　マーケットに関わっているうちに、プレイスメイキングの観点からマーケットを捉えることができるのではないかと思うようになりました。そこで、プレイスメイキングとは何か、簡単にご説明いただけますか？

園田　僕はプレイスメイキングとは、「都市空間において愛着や居心地のよさといった心理的価値を伴った公共的空間を創出するボトムアップ型の計画概念」と定義しています。少し堅いですが、要は、利用者やまちの人に愛される場を生みだすための考え方や手法であるということです。

たとえば、建物を建てれば物理的な「空間」はできあがりますが、それが必ずしも愛着をもって使われる空間になるとは限りません。最終的な使い手の設定が曖昧な公共的空間では特にその傾向が顕著です。

PPSによるプレイスメイキングの例、アメリカ・デトロイト市のダウンタウン

そこで、デザイナーや設計者が一方的につくるのではなく、デザインのプロセスに使い手を巻き込み、そこで想定される、具体的な「活動」に合わせた「形態」を設計することで、しっかりと空間の「印象」づくりをする。そうした空間を生みだすプロセス自体を協働で行い、できあがる過程を共有することで「愛着」を持たれる場をつくろう、というのがプレイスメイキングの考え方です。これを方程式で表すと、(活動+形態)×印象=愛される場:PLACEとなります。

鈴木　まさにマーケットにも当てはまる考え方だと思います。人々の居場所になり、コミュニティが生まれることがマーケットの効果としても示されており、それが個々の店舗の参加というボトムアップで起きている。行政や企業、地域団体が主催して、ルールを決めるという意味ではトップダウン的要素もありますが、それは

愛知県豊田市でのプレイスメイキングの取り組み、広場づくりの実証実験

しくみであって、実態としては個々の店舗の集合体がつくりだしているという意味で、マーケットはきわめてボトムアップ型です。

園田　古来より物の交換の場、交易の場が都市や社会の中心でしたし、そこから貨幣や娯楽、文化活動のような社会システムや都市機能が生まれてきた。日本でも、寺社の境内や街角で開かれる「市」などがそうした機能を担ってきましたが、これらの空間はそもそも「市」のためにつくられたわけではなく、すでにある空間のポテンシャルを管理者、出店者、利用者が読みとり使いこなしている例ですよね。それを幕府や領主などの政府が一定の条件で許可しているという点で、ボトムアップ型の利用の構想力が結果的に公益性、公共性を獲得した素晴らしいプロセスだと言えます。

鈴木　おっしゃる通りで、トップダウンでルールが決まり、それに沿ってマーケットや市ができたのではなく、ボトムアップで自然発生的に交易の場としてマーケットが生まれ、それが都市になった。その後、マーケットや都市をどう治めるかというルールが生まれたわけですよね。

また、マーケットでは、個々の店舗が開催30分〜数時間前に現れ、開催後には姿を消します。什器を持ち込みにすれば、やり方次第では低コストで開催することが可能です。これはプレイスメイキングを提唱するプロジェクト・フォー・パブリックスペース（PPS）が言う「Lighter, Quicker, Cheaper（LQC）」（簡単に、早く、安く）の手法につながるように思います。

園田　マーケットの手法はまさにLQCですね。プレイスメイキングでは、単にゲリラ的、単発的に空間に手を入れるということはしません（図1）。事前に、しっかりとした①エリア分析（ステップ1）、②ポテンシャル把握（ステップ2〜4）、③仮説設定（ステップ5）、を行った上で、④利害関係者と協働し（ステップ6〜8）、⑤仮説の実証実験を行い（ステップ9）、⑥より実効性の高いアクションプランと長期ビジョンを描きます（ステップ10、11）。

このうち⑤の実証実験で用いられるのが「LQC」です。机上のみで組み立てたプランではなく、低リスク・低コストで仮説の実証実験を行い、その精度を高めるという点に特徴があります。その際、対象とする空間の活用方法としてどのような都市機能・サービス提供が求められているか、それを事業として組み立てる場合に収益性があるか、周辺との相乗効果が得られるか、といった内容を確かめたい時にマーケットのような手法は非常に親和性が高いと言えます。

図1　PPSのプレイスメイキングの手法を体系化したダイアグラム（園田氏作成）

都市へのコミットメントを引きだすマーケット

園田　マーケットにもプレイスメイキングにも共通することですが、このような「既存の空間のポテンシャルを読みとり、いかに使いこなすか」という視点は非常に重要です。近代の都市計画や建築システムでは、空間と機能は基本的に一対一で対応することを原則とし、それを用途地域やビルディングタイプという形で類型化し普及させることで、均質な都市や建築が量産されてきました。

一方、普段は生活道路として使われる場所に週末だけ店舗が並ぶように、マーケットやプレイスと呼ばれる場所は、必ずしもその行為専用の場所である必要はなく、むしろ主機能とは異なった使い方をすることで、そのまちごとの個性が生まれ、関係者がまちに携わっている感覚を得られる。それがシビックプライド（まちへの愛着）の醸成につながるとも言えます。そういう意味で、マーケットは市民の無自覚的な「都市へのコミットメント」の意識を育んでいるとも言えるかもしれませんね。

鈴木　既存空間を使いこなすという点では、マーケットは最強のツールの一つだと思います。まったく新しい空間として塗り替えるのではなく、あくまで既存の場所性を活かしながら介入する。その結果、道路であれば交通という主機能を越えた「プレイス」になると思います。

先ほど言われた「マーケットは市民の無自覚的な『都市へのコミットメント』の意識を育んでいる」という表現は、大変腑に落ちました。「無自覚」というのは、購買という日常の行為であるからこそであり、誰もが継続的に行えます。

園田　私も無自覚であることはポイントだと感じます。デンマークの建築家、ヤン・ゲール氏の提唱する「屋外活動の三つの型」でいうところの「必要活動」としての「購買」が、コンビニやスーパーではなくマーケットで行われることで、結果的に飲食や知人との出会いといった「任意活動」「社会活動」を発生させている。同じ購買という行為でも、商業施設とマーケットでは、そこで生まれる活動は違います。

鈴木　無自覚的な「都市へのコミットメント」は、デザインのプロセスに使い手を巻き込むこととつながっていますよね。

マーケットの使い手は出店者と来場者ですが、出店者は出店するたびに陳列の仕方や販売方法を変化させていきます。また来場者が参加するかしないかで、マーケットの規模は左右されます。来場者のニーズに合っていれば拡大しますが、合っていなければ縮小していきます。マーケットには完成形がなく、店舗数や出店店舗が毎回違い、出店者と来場者との交流によって常に変化とインタラクションが起き続けています。

園田　まさにそこがマーケットの面白さですよね。「○○マーケット」という冠はあるものの、その特徴を規定している要素の大部分は個々の出店者ですもんね。

まちにコミュニケーションを誘発する

園田　私は生鮮三品を扱うようなマーケットが好きなのですが、それは来場者の多くが地元に暮らすリピーターだからです。おしゃれなクラフト系のマーケットは広域から集客できるくらい魅力的なものもありますが、生鮮三品を扱うマーケットは完全に市民の台所という感じで、非常に密度の高いコミュニケーションの場になっていると感じます。

鈴木　出店者をどう選ぶかが、まさにマーケットのキャラクターを決めます。ある意味、マーケットの運営者はキュレーターでもあります。

園田　これは昔ながらの商店街にも通じることですが、マーケットは必ず対面販売ですよね。それが地域のセーフティネットになっているところもあるのではないでしょうか。

たとえば、私の祖父が町工場をやっていた東京都墨田区の商店街では、八百屋のおじさんがお客さんに向かって、「キュウリは昨日２本買ったからまだ残っているでしょ！　それよりミカンがそろそろなくなる頃じゃない？」と声をかけていました。お店の人がお客さんの冷蔵庫の中身を覚えているってすごくないですか？

こうした関係性があれば、このお客さんが急に買物に来なくなったら、何かあったのかなと、この八百屋さんは気づくわけです。現在、さまざまなシステムで独居老人の見守りや交流促進の取り組みが行われていますが、日常的に開催され、常連相手に対面販売を行うマーケットも間接的に貢献できるものがあると感じています。

鈴木　対面販売は弱者が買い物しやすいという点でも優れています。

私は子どもを2人授かったことで買い物弱者になりました。じっとしていない子どもを連れて、大量の荷物を抱えて買い物をするのは大変です。スーパーに行くことを諦めていた時期もありました。でもマーケットだと、出店者にすっと手を差し伸べてもらえたり、子どもをあやしてもらったり、比較的楽に買い物ができます。また、マーケットはまちなかに立地していることや店舗が小さく目的地がわかりやすいということも、弱者にとって利用しやすい。

最後に、園田さんにとってマーケットとは？

園田　マーケットは、その都市のパブリックライフが豊かであると感じられる素晴らしい体験の場であり、「都市と市民が共にある」ことの象徴であると考えています。現在の都市にはとにかく空間的、心理的「余白」がありません。そのため一方的に与えられた「均質的な都市空間」の中で人々は生活せざるをえないことが多い。しかし、マーケットは、そうした状況においてなお、「自分は都市の一部であり、この手で都市を変えていける」という実感と希望を与えてくれる存在だと感じています。

園田 聡

有限会社ハートビートプラン。1984年生まれ。工学院大学大学院博士課程修了。博士(工学)。工学院大学客員研究員、認定NPO法人日本都市計画家協会理事。大阪・東京を拠点にプレイスメイキングの研究、実践に取り組む。著書に『プレイスメイキング』。

6章

マーケットをつくってみよう！

あなたもできるＤＩＹマーケット

「マーケットをつくってみよう！」

ロンドンと東京のマーケットの調査研究を博士論文にまとめていた頃、ふと思い立った。いくらマーケットの魅力を語っても、実践しなければ説得力がない。そうして始めたのが、本章で紹介する「Yanasegawa Market（柳瀬川マーケット）」だ。

子どもが生まれ、引っ越した郊外のまちは、子育てするにはよい環境だったが、新しいものとの出会いが少ない。ある住民は「何もないまち」と表現していた。マーケットを通じて、このまちの魅力をもっと引きだすことができるのではと、住んでいるまちでマーケットを開催することにした。

それまで地域活動を行っていたわけでもなく、イベントを主催したこともなく、マーケットをつくるのに必要なスキルはまったく持っていなかった。ただ、研究で得た知識と、建築家として空間をつくってきた経験、マーケットに対する強い想いは持っていた。準備期間は3カ月ほどで、多くの人の協力を得ながら、初回から26店舗の出店があり、６３１名の方に来場いただいた。その後も季節ごとに開催を重ね、現在までに5回開催し、地域の人がマーケットを楽しみにしてくれるまでに定着してきている。

Yanasegawa Market

柳瀬川マーケット

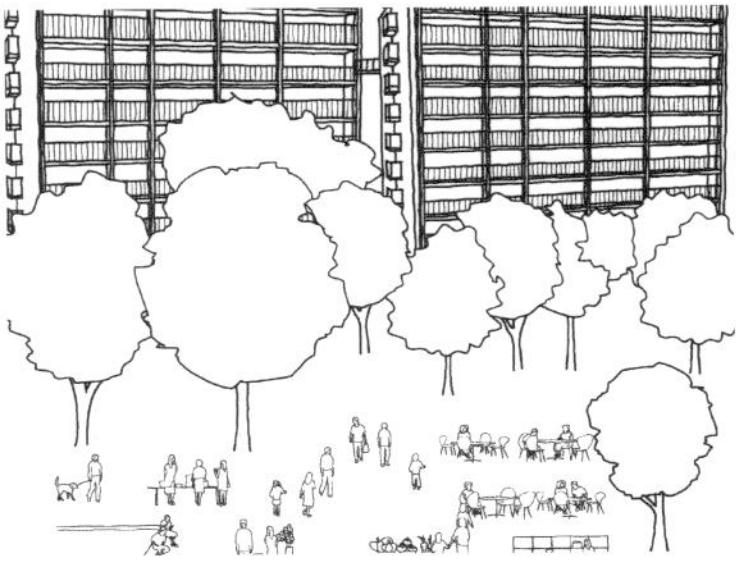

コンセプト　「このまちにくらすよろこび」

美味しい食べ物や心躍るハンドメイド作品に出会えたり、ワークショップに参加したり、マッサージを体験したり…「人・もの・こと」との出会いをきっかけに、人々の日常を豊かにし、このまちの魅力を向上する、そんなきっかけになる場をつくる。

開催場所　舘《たて》近隣公園（通称：中央公園、埼玉県志木市）

1980年代に分譲された約3000世帯のマンション群が形成するニュータウン内に立地する。

主催　Yanasegawa ink（任意団体）

内容　食品や雑貨などの販売、ワークショップ、サロン体験、音楽イベント

開催実績

第1回　2016年11月27日（日）：26店舗出店、631名来場

第2回　2017年1月22日（日）：22店舗出店

第3回　2017年4月9日（日）：小雨のなか開催、13店舗出店

第4回　2017年8月20日（日）：志木市商工会青年部「どろんこ祭り」と共催20店舗出店

第5回　2017年11月26日（日）：26店舗出店

第6回　2018年5月27日（日）：25店舗出店予定

開催時間　10 ～ 14時

出店料

店舗のある出店者は3000円、店舗のない出店者は700円＋売り上げの10％（上限3000円）

来場者の声

「いつもはあまり使われない広場にも人が溢れ、広場がいきいきしている！」

「マーケットをきっかけに公園で初めて飲食し楽しんだ」

「孫・子・親、三世代で楽しむことができた」

「普段の買い物ではイライラしがちなお母さんも子どももものびのびしていた」

準備編

目的とコンセプトを考える
↓
仲間を集める
↓
場所を探す
↓
収支を考える
↓
出店者を集める
↓
空間を設計する
↓
食品を扱う
↓
お客さんを呼ぶ
↓
雨天時の対応を考える

当日編

準備する
↓
開催する
↓
片づける

後日編

マーケットを育てる

本章では、経験も資金も場所も組織力も「何もない人」が、マーケットをつくる時に参考になるような実践的で具体的な内容をお伝えしたい。マーケットの運営プロセスを、マーケット開催までに準備しておきたいこと【準備編】、マーケット当日の運営で気をつけたいこと【当日編】、マーケット終了後、次回の開催に向けて考えたいこと【後日編】として紹介する。

準備編

目的とコンセプトを考える

マーケットを開催するには、まず「何をしたいのか（コンセプト）」「何のためにしたいのか（目的）」を整理し、チーム内で共有するとよい。

その理由の一つは、マーケットの開催には、多くの人と想いを共有する必要があるからだ。場所を探すにも、出店者を探すにも、協力者を探すにも、目的を相手に伝えることから始まる。ただマーケットを開催したいと伝えるだけでは、なかなか賛同者は現れない。

まずは話し言葉でキーワードを抽出して、説明できる程度でもよい。これができれば、出店者や協力者に目的を伝えることが可能だ。その後、タイトルやコンセプトを文章にして、より多くの人に伝わる表現にブラッシュアップする。一対一で直接対話できる出店者や協力者とは違い、来場者はチラシや人づてのコンパクトな情報でマーケットに行くかどうかを判断する。また運営者自身にとっても、何のためにやっているのか、目的を再確認することで、継続する熱意を持ち続ける助けになる。多様な主体が関係し、行政や警察などとの調整が求められ、時に楽ではないこともある。チームの中でぶれない軸を共有できることは、意見が割れた時の判断の決め手にもなる。

二つ目の理由は、やるべきことを理解し、効果をうまく引きだすためだ。たとえば「賑わい創出」が主な目的である場合、人々が集まれる居場所をつくりたいのか、買い物の場を提供したいのか、地域の魅力を伝えたいのか、によって異なる対応が必要になる。人々の居場所をつくりたいのであれば、座る場所を設置するとよいし、地域の魅力を伝えたいのであれば、それを発信できる人に出店してもらうとよい。「賑わい＝人がたくさん集まる」だけの空間になってしまうと、単に混雑している、心地よくない空間になってしまう可能性もある。

ところで、「目的」と「コンセプト」、似ているけれど少し違う、この二つの言葉について、私は次のように捉えている。

コンセプトは、他者と共有するこが前提となる、マーケットが目指す方向性のことである。短い

マーケットのコンセプト例。
Farmer's Market@UNU「LIFE WITH FARM」（上）
小石川マルシェ「ちょっといい普段」（右）

フレーズに置き換えることができると、マーケットのサブタイトルとして使うことができ、伝わりやすい。いくつかマーケットのコンセプトを紹介すると、「LIFE WITH FARM」（Farmer's Market@UNU）、「ちょっといい普段」（小石川マルシェ）、「このまちにくらすよろこび」（Yanasegawa Market）、といったものがある。短いフレーズではあるが、それぞれのマーケットが目指すことが見えてくる。世代を超えて誰にでも直感的にわかってもらえる程度の文章量、わかりやすい内容が適している。

目的は、具体的に期待する効果である。ダイレクトにコンセプトとつながっているものはもちろん、コンセプトに直接関係しない目的があってもよい。目的はいくつあってもよく、たとえば「高齢者の居場所」「スタートアップ機会の提供」「食育の場」「地域コミュニティの活性化」という、それぞれは関係していないことを一つのマーケットに盛り込んでしまってもいい。

また、表に出す目的と表には出さない目的があってもいいし、個人的な目的、たとえば「自分の子どもに喜んでほしい」という目的を入れてもいい。私は実際、これを一つの目的に入れている。

自分がマーケットを継続的に運営するためには、自分の子どもたちに楽しんでもらう必要があるからだ。自分の子どもがマーケットを楽しめるために何をすべきかを考えることは、他の同世代の子どもたちがマーケットを楽しめることを考えていることに他ならない。個人的な目的が結果的にマーケット全体の質を上げるのだ。

重要なのは、まずは目的を考えること、そして、それぞれの目的のためには何をすればいいか、具体的なアクションを考え、必要な時に実行することだ。具体的なアクションを起こせば、期待した効果が現れてくる。効果を生みだすための具体的なアクションの一例は5章で紹介している。

仲間を集める

会社や既存の団体で仕事としてマーケットを開催するのではなく、自主的に開催する場合、チームをどうやってつくっていくかということも、重要なポイントである。参加したい人が任意で集まってマーケットを開催する場合、それぞれが少しずつ異なる「想い」をモチベーションとするだけに、チームづくりが難しい面もある。

チームをつくっていく時に、知っておくと面白いデータがあるので紹介する。野村総合研究所の調査によると、まちづくりに関心のある市民は全体の63％に達するが、実際にまちづくりに関する

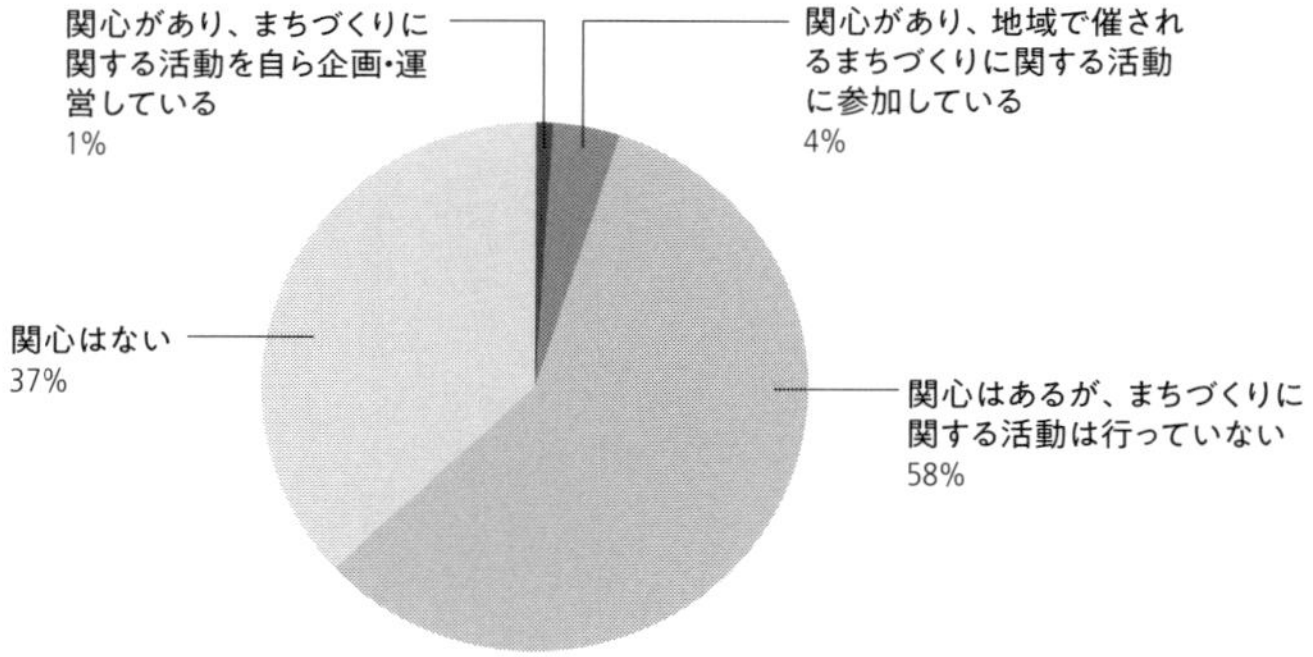

図1　市民のまちづくりへの関心度合い

活動に参画している市民は5%に留まる[*1]（図1）。つまり、市民の半数はまちづくりに関心があっても活動はしていないのだ。多くの人は自分の住んでいるまちのために何かしたいという想いがあっても、責任を負うことや、自分の生活を犠牲にするリスクを回避したいと考えている。地域の有志で活動する場合、「実際に活動している」5%だけを頼りに行うのは難しい。100人の中で5人、その5人がマーケットに関心があり、コンセプトや目的を共有できるかはわからないからだ。

では、どうやって、「関心はあるが、まちづくりに関する活動は行っていない」58%の人々を活動に巻き込み、あわよくば、「関心はない」と答えた37%にも関与してもらえるのか。私が見つけたポイントは二つ、「楽しいこと」と「負担のないこと」だ。仕事ではなく、ボランティアとして活動するには、楽しくないと続けられない。また、活動を負担と感じれば、人は離れていくだろう。

ここで注意したいのは、参加者がどんな関わり方を望んでいるのかを見極めることだ。ここでいう「負担のないこと」は、「仕事量が少ない」「作業が簡単」ということではなく、それぞれの人にとって「心地がよい」ということである。

活動に参加している人の関わり具合は、「主体的に動きたい人」「手伝いたい人」「ニュートラルな人（主体的に動けるが任せられたくない人）」の三つに分けられる。

「主体的に動きたい人」には、担当の範囲内を決めて、任せてしまった方がスムーズに進行できる。自分のペースで動きたい人にとっては、口出しをされると面倒に感じたり、モチベーションが下がってしまったり、それが負担になってしまう。

「手伝いたい人」には、人手が必要な時の単発のタスクや楽しみながらできることで参加してもらうとよい。ポイントは「楽しいこと」だ。みんなでわいわいやっているのが楽しそうだと、まちづくりに関心がない層にも気軽に手伝ってもらいやすい。

「主体的に動けるが任せられたくない人」は、完全に任されてしまうと不安になるため、様子を見ながら一緒に進めていくのがよい。これは意外な発見であった。以前、マーケットを飾るガーランドづくりをした時、最初は裁縫が得意な友人にリードしてもらおうと思っていたが、彼女は、得意なことであっても、任せられることは負担に感じるようだ。そのため、役割を明確にせずにスタートしたが、結局、彼女は試作から完成まで主体的に動いてくれた。

最後に、ボランティアで活動するチームづくりの中では、「みんな平等」という考え方をしないことも、大事なポイントである。「みんなちがって、みんないい」のだ。個々がさまざまな関与度、貢献度で参加して、緩やかにチームが形成されて、束ねる人が1～3人いれば十分だ。

もう一つ、後援、協賛、助成という形で他団体から支援を受けることも、仲間を集めると言えるだろう。資金を援助してもらったり、広報に協力してもらったり、備品を借りたり、場所を借りたりできることは、マーケット開催の大きな力になる。

一方で、支援をしてもらうことは「応えなければいけない相手」を増やすことにもなってしまう。支援を受けている相手の意見は、簡単に流すわけにはいかないし、模索している時期にはその意見に影響を受けやすい。また、支援していることが公になると、マーケットに対するクレームが支援団体にいってしまう可能性もある。そのため、やりたいことを制限してしまうこともあるだろう。たとえば、マーケット開催時に音楽を流せば、うるさいという苦情が支援してくれた町内会にいってしまうこともある。

無名の任意団体がマーケットを主催する場合、実績のある団体の後援があった方がよいと考えがちだが、来場者はそんなことは気にしておらず、当たり前だが、マーケットの内容で評価される。

場所を探す

マーケットを開催する時、駐車場や空き地など、活用したい空間がある前提で考える場合もあれば、場所探しから始める場合もあるだろう。

東京のマーケットは、道路、商店街、公園、公開空地、寺社、私有地で開催されているが、こ

館近隣公園で開催される Yanasegawa Market

のうち、道路と公開空地の使用には厳しい制限があり、個人や任意団体での使用は難しい。商店街は道路であるが、商店街組合が主催すれば利用できる可能性がある（3章参照）。ただ、マーケットの開催は、商店主にとって「自店の競合相手」と見なされてしまい、商店街組合から理解を得られないことがある。マーケットが古くから広く親しまれているイギリスでは、マーケットによる集客効果により、開催日は非開催日より、周辺店舗の売り上げが上がるという調査報告も出されているが、日本ではこうしたデータで説明してもなかなか説得できない。

公有地でマーケットが開催しやすい場所は公園である。意外と知られていないことかもしれないが、公園の利用に関する法律上の制限は少なく、公園は管理者である自治体の許可のみで使用することができる（3章参照）。自治体によって違いはあるが、所定の申請書を提出し、面積あたりにかかる使用料を支払うことで、使用許可がおりる。利用についての制限は、自治体ごとのルールによるが、一般的なのは火気の使用の禁止だ。一方、発電機の使用の可否については、自治体によって異なる。他には一般の利用者が利用できるように占有しない、公益性を持つなどの規定がある。公園の管理者である自治体の担当課に話を聞きに行くと自治体ごとの詳細について確認できる。

所有者からの許可さえ得ることができれば、活用の自由度が最も高いのは私有地である。火器の使用にも公園のような制限がなく、電源を借りることができれば発電機を持ち込む必要もない。私有地の場合、広場のようにまとまった土地が必ずしも必要なわけではなく、レイアウトを工夫することで軒先や通路空間もうまくマーケットとして活用することができる。寺社では参道がマーケットの動線として利用できる（3章参照）。

収支を考える

1　無償活動と有償活動

収支の考え方には二つのタイプがある。一つは、任意団体などが無償活動として開催する場合。

もう一つは、法人などがスタッフの人件費を計上して有償活動として開催する場合である。

今回紹介する「何もないところから始めるマーケット」は、前者の運営方法で支出を減らし、リスクを回避することをまずは考える。運営者が自らデザインを行い、備品を手作りするなど経費をなるべく節約する。一方で、無償活動のデメリットとして、開催頻度が限定されることがある。スタッフが他の仕事を持っていたり、学生だったり、子育てや介護といった他の業務に時間を使い、マーケットに充てられる時間とエネルギーが限られるため、開催頻度を上げることへのハードルが高くなる。たとえば、Yanasegawa Marketでは、年4回、3カ月に1回開催しているが、この頻度でも、1回のマーケットが終わると、すぐに次回の準備が始まる。

有償活動の場合は、スタッフを確保すれば、毎週開催することも可能である。毎週開催することで、より地域に根ざしたマーケットになるという点でも、意義は大きい。開催費はマーケットごとに異なるが、たとえば、都内で法人が有償活動として毎週開催するマーケットは1回あたり100〜200万円の開催費が一般的だ。これには、運営者の人件費、什器のレンタルや輸送、倉庫代、当日のスタッフの人件費、場所代などが含まれる。開催費がかかるため、赤字かというと、そうとは限らない。経験や組織力、立地、出店数などの条件を整え、採算がとれているところもある。マーケットとして採算がとれていなくても継続開催されていることもあり、その場合は法人が所有する土地のイメージアップ、コミュニティ形成、集客イベントの効果への対価として開催費を補填している。

2　出店料の設定

出店料の設定は、地域性や期待できる売り上げにより異なる。一定の額を設定しているマーケットもあれば、売り上げの一部を出店料と設定しているマーケットもある。一定の額を設定している場合、都内では7000～1万2000円程度が多い。売り上げの一部を出店料として設定する場合は10～15％程度が多く、最低出店料を決めている場合もある。これはあくまで都内で多く見られる設定であり、郊外や地方では都内より低く設定されることが多い。

郊外で地域の任意団体が運営するYanasegawa Marketでは、①人件費は出なくていい、②継続できるように赤字にはしない、③スタートアップ機会となるように出店者の負担を軽減する、④店舗数は25店舗程度という、四つの条件を前提に、出店料を設定した。

店舗がある出店者は一律3000円、店舗を持たない出店者は700円＋売り上げの10％で上限3000円とした。結果、赤字にはなっていないが、前提の通り、人件費が捻出できておらず、年4回の開催がやっとである。継続開催することで、地域の人がマーケットで買い物することに慣れ、個々の店舗の売り上げが上がれば、出店料を値上げして収入を増やすことができる。それをスタッフの人件費に充て、業務にかける時間を増やせれば、開催頻度を上げることができるだろう。ここまで育てば理想である。

3　開催にかかる経費と節約法

	什器の提供あり	什器の提供なし
メリット	空間デザインをコントロールできる 出店者の負担が少ない	費用がかからない 手間がかからない 個々の店舗の個性が出る
デメリット	費用がかかる 設営・撤収に人手と時間が必要 個々の店舗の個性が出づらい	出店者の負担が増える

表1　什器を提供する／しない場合のメリット／デメリット

【什器】

人件費と並んで費用が嵩むのが什器である。テントや陳列机、ケースといった什器を提供すると、レンタル代または購入費、運搬費、設営にかかる人件費が必要になる。購入した場合はさらにランニングコストとして倉庫代も必要だ。法人が開催するマーケットでは、什器を提供していることが多い。まとまった費用がかかるが、全体の空間デザインをコントロールでき、出店者の負担が少ないというメリットがある（表1）。

個人的には、什器提供に迷った場合は、什器を提供しないことをおすすめする。理由は三つ、運営コストの削減、設営撤収の負担軽減、そして空間としての面白さだ。前述の通り、什器提供には費用も人材もかかり、壊れている、使い方がわからないなど現場で対応しなくてはならないことも多い。出店者が持参した什器を自身で設営すれば、運営側の負担は少ない。さらに、個々の店舗の什器の多様さがマーケット全体の個性を生みだすこともある。ロンドンのマーケットでは、什器は提供されないマーケットが多く、その場所ごとに個性的な空間ができあがっている。ただし、23区内など、多くの大規模マーケットが什器を提供している地域では、什器を提供しないと出店希望者が減るリスクもあるので、

什器が統一された青山の Farmer's Market@UNU（上）
各店舗が什器を持ち寄るロンドンのブリック・レーン・マーケット（下）

その点は意識しておかなければいけない。

【借地料】

私有地や公有地を借りる場合は、時間あたり、もしくは面積あたりの借地料を支払う。たとえば自治体が管理する広場や公園では1m²あたり1日50～100円程度に設定されていることが一般的である。決して高額ではないが、注意が必要だ。たとえば、3m四方のテントを使う場合、1店舗あたりの面積はおよそ3m×3m＝9m²なので、1m²あたり100円の使用料だとすると、9m²×100円＝900円が1店舗あたりかかることになる。この場合、借地料は店舗数と比例するので、出店料の設定の際に考慮に入れる必要がある。

【デザイン料、印刷費】

デザイン料は、ロゴやチラシのデザインをプロにお願いする場合に必要になる。予算が少ない地域活動では運営者が自らやることになるだろう。印刷代はネットで探すと比較的安い業者も見つかる。大体の大手業者は、紙の種類が選べ、印刷の質も自宅やコンビニプリントよりも本格的な仕上がりになる。

【保険】

各保険会社はレクリエーション保険、イベント保険といった名称でマーケットに適用できる保険を販売している。レクリエーション保険では一般的にレクリエーションの内容と来場者数によって保険料が変化する。ただし、来場者数が増えると、参加者1人あたりの単価も下がるので、単純に参加者が2倍になったからといって、保険料は2倍にはならない。雨天時の延期にも対応できるなど、条件もさまざまなので、代理店に行って話を聞くとよい。また、マーケットの内容によっては、各地の社会福祉協議会で加入できるボランティア保険が利用できる可能性もある。

【発電機など機材】

電源のない公園などでの開催の場合、発電機を準備することで、出店できる店舗の幅が広がる。Yanasegawa Marketで発電機使用の申し出があった例では、食材の調理・保温、ビールサーバーなどの食品系、ネイルサロン、ヘアアレンジなどのサロン系、写真の印刷などのワークショップ系と多岐にわたる。しかし、発電機をいきなり自前で持つには費用、管理、保管場所などのハードルがある。目的が非営利の場合、組織や開催場所、公共性などの条件がつくが、発電機、テーブル、テントなどさまざまな機材を自治体関係の協議会等から安価に借りることもできる。

【空間演出】

空間のつくり方については後述するが、ここでは費用に関することを説明する。空間演出の要素となる装飾や看板は、手作りすると、費用が削減でき、独自の空間ができる。特にガーランドなど、空間全体に散りばめたいアイテムは数が多くなるので、仲間を集めて楽しく作業できるしくみをつくるとよい。

	公募	一本釣り
メリット	手間がかからない 公平性が保たれる	運営者がキュレーションできる
デメリット	出店者の選定がしづらい	個別に口説き落とす必要がある 適した人材が必要

表2　出店者の公募／一本釣りのメリット／デメリット

出店者を集める

1　公募か、一本釣りか

マーケットを開催する上で最も難しいことの一つであり、成功の鍵ともなる、出店者集め。前述の通り、マーケットは個々の店舗の集積であり、どんなマーケットになるかは、出店者によって決まる。

出店者集めには大きく分けて二つの手法がある。一つは「公募」、もう一つは「一本釣り」である。どちらにもメリット、デメリットがある（表2）。

公募のメリットは、募集要項をつくり、チラシを掲示し、地域のメディアに載せ、拡散すれば、募集を待つのみで、手間がかからない点だ。逆にデメリットは、どんな人から応募があるかわからないため、選定がしづらいという点がある。書類審査あるいは面接審査をする手法もあるが、運営者が地域の団体で、応募者も地域の人である場合、審査で選別するのは、今後の関係性を考慮すると難しいこともある。また、応募が十分集まらなかった場合は、個々に声をかけていくことになる。

一本釣りのメリットは、運営者がマーケットをキュレーションすることができる点にある。店舗の内容にこだわりたい場合や、地域の魅力を発掘したい場合に有効である。デメリットは、商店街や商工会議所などの地盤がない場合は、飛び込みで営業しなくてはならない点である。1人1人に話をして口説き落とすには、時間と熱意と、それができる人材が必要だ。

Yanasegawa Marketの成功の鍵は、出店者探しを担当する、スーパーお母さんの存在にある。彼女は地域の魅力的な店舗を発掘し、来場者のニーズを理解し出店者に伝えることができる。さらに出店を決めた店舗の出店内容や価格の相談にものっている。

公募でも一本釣りでも、最初の出店者集めは苦戦することを覚悟しておかなければならない。開催実績がないので、「何店舗くらい出店しますか?」「どれくらい集客が見込めますか?」という出店者からの質問にも答えられないからだ。この時に頼りになるのは、やはり目的やコンセプトがはっきりしていることだ。出店者に想いを共感してもらえると、実績がなくても、参加してもらいやすい。

また、出店者集めをする時の注意点として、マーケットでは商品が飛ぶように売れるわけではないということも共有しておかなければいけない。都内の好立地のマーケットでも出店者が最も不満に思っているのは売り上げであり、出店者全体の約2割が売り上げへの不満を示している。特に最初の開催時には、売り上げのみならず、地域を盛り上げたいとの思い、ニーズの把握、宣伝効果、あるいは楽しいことを理由に出店する人が適任である。

Yanasegawa Marketの出店者。ハンドメイド作家の作品がバイヤーの目にとまることも

2　どんな店舗を集める？

では実際にどんな店舗に出店してもらうのがよいだろうか。地域性を重視するのであれば、地元の店舗を中心に選んでいくことになる。公募する場合の要項には市内、県内と行政区単位で区切る必要があるが、一本釣りの場合は、明確な区切りを設ける必要はない。住民の生活は行政区単位で分断されず、川や線路などで物理的に分断されない限り、連続的につながっているからだ。訪れやすい生活圏という意味では、行政区よりも電車の路線の方がよりフィットする場合もある。

Yanasegawa Marketの場合は、「このまちにくらすよろこび」というコンセプトを設定しているが、「このまち」とは、具体的な行政区を指すわけではなく、参加者がそれぞれ「自分のまち」のこととして捉えることを意図している。

店舗の話に戻すと、マーケットの店舗としては、食品、雑貨、ハンドメイド、サロン、ワークショップが考えられる。これらの店舗の中から自分たちが描くマーケットの目的と合わせて選んでいくとよい。性別、年齢、趣向を問わず多くの人に来てもらいたいのであれば、野菜とパンの店、長く滞在してほしいのであれば、サロンやワークショップ、その場で食べられる食品や飲み物の店がよいだろう。また地元のハンドメイドの作家などを多く呼ぶのも、地域性が出ていい。

3 店舗数はどれくらい必要？

どれくらい出店者を集めるべきか、ということは一つの課題になるだろう。私の感覚では20店舗程度あると、さまざまな商品が並び、複数の体験ができ、滞在時間も伸びて、ゆっくりとマーケットを楽しむことができる。一方で、5店舗程度でも、魅力的な店舗が並べば、新しい出会いが生まれ、場所の雰囲気も変わる。滞在時間は長くないかもしれないが、空間がいつもと違うということは伝わり、マーケットの魅力を発揮できる。

大きく始めても、小さく始めても、いずれニーズや運営手法に対応した、適正な規模になっていくので、無理のないスタートを切るのがよい。出店者数にこだわりすぎず、どういう出店者に出てほしいかを優先させる方がよい。小さく始めて、徐々に育てていけることもマーケットの醍醐味だ。実際に初回は5店舗程度で開始し、数年後には30店舗くらいまで拡大している例も複数ある。

初回に大きく始めすぎると、運営側は大変だ。出店者数が増えるほど対応業務は増加し、来場者が増加すると、駐輪や駐車などのトラブルも増える。特に住宅地など、普段はたくさんの人が集

Yanasegawa Marketでは会場全体に余白スペースをつくり（上）、店舗間も適度に余裕を持たせて設営（下）

Yanasegawa Marketの子ども向けワークショップ

まらない場所で開催する場合、静かな生活を望む近隣住民にも好意的に受け入れられるように気をつける必要がある。近隣住民に反対されると、次回以降の開催は難しくなる。管理がしやすい規模から始めて、出てくる課題を、一つずつ解決しながら、地域にあった形に育てていくことが大切だ。

また、大きなチームで多くの出店者や来場者を管理でき、場所にもそのキャパシティがあったとしても、居心地のよい空間をつくるためには過密にしすぎない、ということもポイントだ。セール会場のように混雑した空間になっているマーケットも時々ある。過密していると、肝心の商品を見ることも難しく、出店者との対話の機会も減る。マーケットの魅力を損なわないためには、過密にしすぎないことは重要なポイントである。

Yanasegawa Marketは8360m^2の近隣公園で開催しているため、会場のキャパシティとしては拡大できるが、心地よい雰囲気を保つこと、自転車や車などの安全管理、トラブル対応を考えると、25店舗程度と決めている。一方で、店舗数を減らしすぎると、来場者数が減り、出店者の売り上げが減ってしまうので、これくらいがちょうどいいバランスだと考えている。

4 困った時の直営店

出店者集めをしていて、こういう店舗がほしいけれど、適した出店者が見つからない、という時がある。そういう時は運営チームで直接運営する店を出してしまうこともできる。

たとえば、私はマーケットを子どもがわくわくする場所にしたいので、毎回、子ども向けワークショップの出店を企画している。しかも、幼稚園や小学校、児童館などで子どもが体験できるものとは違う、このマーケットならではの体験を提供したいと考えている。ワークショップをしてくれる人が見つからない時は、自分たちで考えた子ども向けワークショップを実施している。

空間を設計する

1 レイアウト

マーケットをつくる際にぜひ意識してほしいのが「空間を設計する」という視点である。快適なマーケットの空間には、設計者の妥協なきこだわりが潜んでいることが多い。どんなマーケットにしたいかと考える時に、どんな空間にしたいか、どんな活動が生まれる場所になってほしいかということまで含めて考えると、徐々に空間の設計に必要なことが見えてくる。

また、マーケットが開催される場所には、その場所がもともと持っている形状、機能、特徴がある。公園と商店街とでは場所の形状も機能もまったく違う。開催場所を「ただの敷地」と捉えるのではなく、場所の持つコンテクストを自分なりに読み解くと、その場所を活かした空間設計を行うことができる。

什器を提供しないマーケットでは、什器を持ち込む出店者に設計を委ねる部分もあり、現場での調整が必要になる。手間はかかるが、最後まで丁寧に調整を行うことが、全体の印象、使われ方の精度を上げる。

Yanasegawa Marketでは「公園に今あるものを活かしたデザイン」をコンセプトとして設計を始めた。マーケットが主役になって、公園が脇役になるのではなく、公園がもともと持っている魅力を活かしたレイアウトや装飾を考えた。マーケットを開催している館近隣公園は、真ん中に大きな広場があるのだが、マーケットはあえて公園の一端60mほどに約25店舗を一列に配置している(図2)。広場の真ん中に店舗を何列か面として設置するのではなく、端っこに一列に線として設置して、広場空間を大きく残したいという意図があった。そうすると、マーケットによる集客効果から、広場に多くの人が滞在し、いつもの場所でいつもとは違う使われ方が起きる。マーケットを

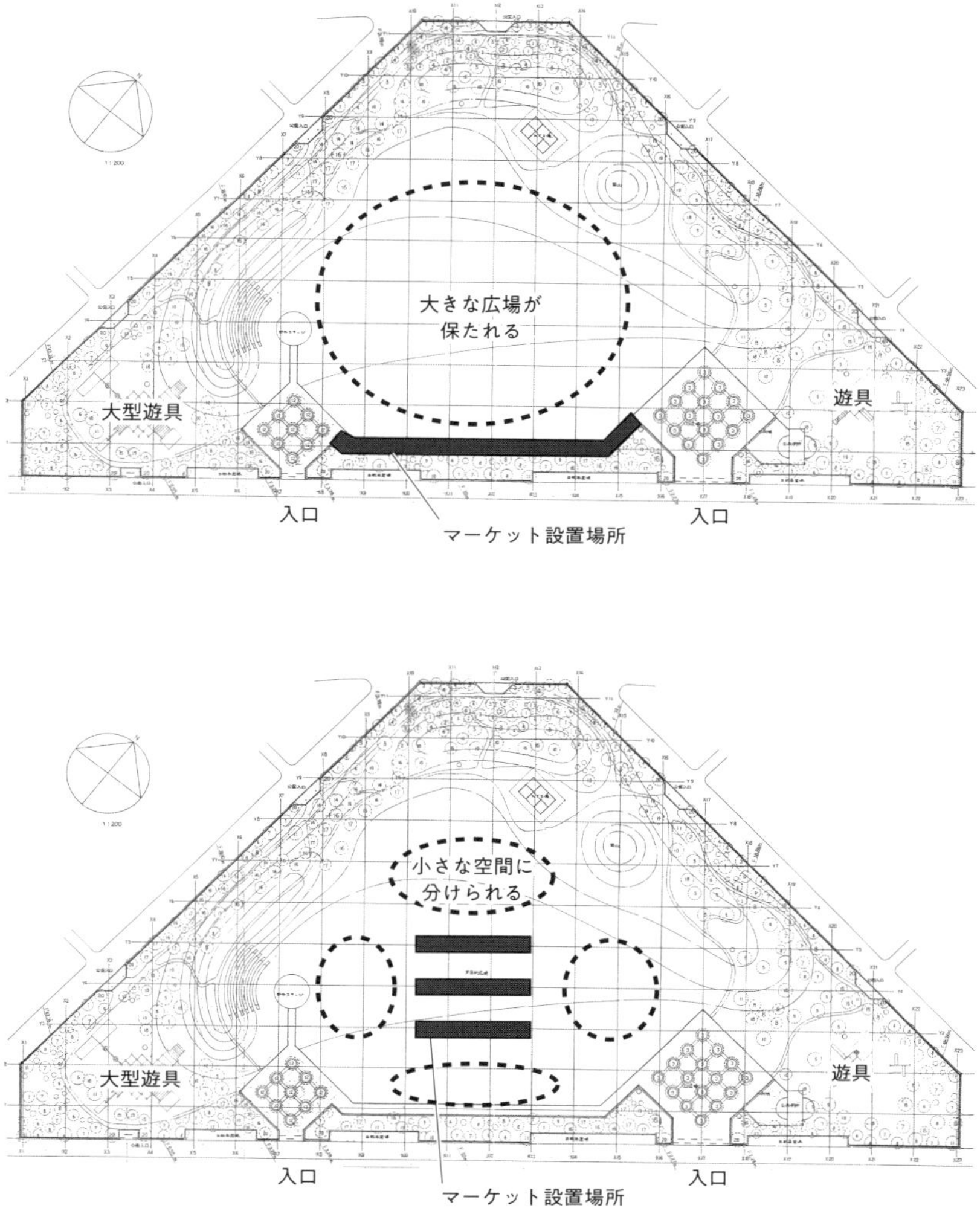

図2　Yanasegawa Marketで採用した広い広場を保つ配置（上）
広場が小さな空間に分けられるため採用しなかった配置（下）

きっかけとした、滞在や遊びといった活動は周辺の余白で行われるため、どこに、どんな余白をつくるのかが重要である。

他の事例では、マーケット内の通路の幅にこだわって設計しているものがあった。広すぎてもつまらないし、狭すぎても歩きづらい。マーケット独特の密度をちょうどいいバランスで出すことが追求されていた。

現場での空間への徹底したこだわり、通路幅、店舗間の距離の調整による密度のコントロール、活動の場となる余白の設計は、マーケットの印象や人々の行動に大きく影響する。

2 装飾、アイテム

装飾も空間づくりの重要な要素である。たとえば、マーケットでよく使われるガーランドは、木や建物、テントにかけるだけでマーケットが開催されているというアイコンになる。会場内に散りばめれば、空間全体の一体感をもたらす。簡単につくれ、持ち運びもしやすく、軽量で、倒れても問題がないので使いやすい。Yanasegawa Marketでは家にあったシーツを再利用した白いガーランドを友人たちとつくった。色を入れなかったのは、商品や人、そして公園が主役であり、ガーランドを含め装飾は背景にしようという意図があったからだ。

看板も、その空間に合ったサイズ、素材、もともとある要素を活かしてつくりたい。Yanasegawa Marketでは公園の塀にビニールテープで文字を書いた。工事中の駅構内の看板表示に着想を得た

Yanasegawa Marketの会場を彩るアイテム。手作りの白いガーランドはマーケットのアイコンになっている（上）。既存の塀にビニールテープで文字を貼れば立派な看板に（中）。塀に手作りの座布団を敷くだけで休憩スペースに（下）

のだが、ベースの塀がしっかりしていて、サイズも大きくつくったので、入口の立派な看板になった。必要なのはビニールテープのみで、風で飛ばされる心配もないし、終了後、置き場所に困ることもない。他には、額の中にマーケットのチラシを入れるだけでも、ちょっとした看板になる。会場の中に立てかけておくと、空間との馴染みもよい。

また、マーケットに滞在してもらうための十分な座具も提供したい。手軽な方法としては会場の中に、ほどよい段差を見つけて、そこに座布団を置けばベンチになる。少し余力があれば、オリジナル家具をつくり滞在を促すこともできる。

一般的にマーケットの空間というと、運営側が提供する揃いのテント、オリジナルの什器が広場に何列にも並んだ様子を思い浮かべるかもしれない。しかし、デザイン性の高い、揃いの什器がなくても、レイアウトと装飾に注意を払えば、十分に魅力的な空間はつくれる。むしろ、揃いの什器では空間のデザインが固定されてしまうが、個々の店舗が持ち込んだ什器では個性が現れ、運営者に空間の問題や可能性を気づかせてくれるのではないだろうか。

食品を扱う

マーケットで食品を扱うことは、手間や心配事が増えるため敬遠してしまうかもしれない。し

Yanasegawa Marketで販売される食品。無農薬栽培の野菜の出店者。
栽培法、野菜の特徴から調理法まで直接聞くことができる

かし、マーケットに食品があることで、属性の異なる、多くの人に関心を持ってもらうきっかけになり、効果は大きい。都市に暮らす人々の行動を観察、分析した社会学者ウィリアム・ホワイトも「アクティビティの種を場所に蒔きたければ、食べ物を用意するとい い」と述べ、人々の行動と食べ物の関係性を重視している。[*2]

マーケットで食品を扱う場合は、食品衛生法に従い、届出や許可が必要になることが多い。食品衛生法の規定は複雑で解釈に委ねられる部分もあり、慣れない申請では混乱してしまうこともあるが、食中毒を起こさないために、とても大事なことである。

私自身、マーケットでの食品の扱いには非常に苦労したこともあり、マーケットの開催に関連する食品衛生法のポイントを保健所に

勤務する友人に取材して四つのポイントにまとめた。

1　許可や届出が求められる判断基準

一つ目のポイントは、食品を扱う場合には「許可が必要」である場合、「届出が必要」である場合、「許可も届出も不要」の場合の三つのパターンがあり、その判断基準を知ることである。その判断基準となるのは、「販売品目」「調理」「営業」の三つの項目である。

①「販売」に対して許可・届出が必要な品目か

まずは許可・届出の対象になる食品かどうかを確認する。なぜかこの点について自治体作成のフローチャートでは省略されていることが多く、「行事等に食品を提供する場合」などという記述で始まり、あたかも食品の出店はすべて許可が必要かのような印象を受けるが、そういう訳ではない。たとえば、野菜、果物、ペットボトル飲料の販売は全国的に許可も届出も必要ない。

食品衛生法で販売において許可が必要とされているのは、食肉販売業、魚介類販売業、乳類販売業、氷雪販売業の4種類であり、加えて都道府県が定める許可対象食品を販売する場合である。また、許可対象食品も、許可対象外食品も、いずれの場合も製造の許可は別であるため、製造者がそれぞれの製造の許可を取得している必要がある。許可が不要とされた食品は届出のみ、あるいは届出不要で販売可能である。

②どこまでが「調理」に当たるのか

食品衛生法では現場での「調理」が含まれると、届出または許可の対象になるが、肝心の「調理」の解釈が明確ではない。「調理」とは「一応摂食しうる状態に近くなった食品を変形したり他の食品を付加したり、あるいは調味を加えるなどして飲食に最も適するようにその食品に手を加え、そのまま摂食しうる状態にすることで他の仲介業者の手を経ることなく、直接摂食消費する目的をもってするもの」[*3]と定義されているが、わかるような、わからないような説明である。たとえば、盛り付けは「食品を変形」に当たるのか当たらないのか、ということは具体的に記載されていない。

③「営業」と見なされるか

許可が必要な場合は「営業」と見なされる場合である。「営業」とは「業」として一定の行為を行うこととされているが、非営利の場合も含まれ、個々の具体的な事例については、「一般社会通念によって判断するほかない」とされている。[*4]これが食品衛生法の理解を複雑にしている理由でもある。「業」と見なすかどうかの判断基準としては、「開催日数」「規模」「目的」「公共性の有無」などがある。営利目的でない場合も「同種の行為を反復継続して遂行している」と見なされる場合は「営業」とされる。

2　各都道府県により規定が異なる

二つ目のポイントは、各都道府県により規定が大きく異なることだ。食品衛生法上、各都道府県の条例で定めることができる内容が多いので、たとえば、埼玉県では届出でよいことが、東京都では許可が必要になることがある。上記の「業」と見なすかどうかの判断基準としての開催日数についても、年1回までは届出で可能とする自治体もあれば、年4回まで可能とする自治体もある。販売品目は細かく規定が異なり、また、製造技術の進歩により品目が変更されることもある。このように都道府県で規定が異なるのは、日本各地には異なる食文化や風習、気候の違いがあるため、地域の実情に即して対応する必要があるからだ。

3　保健所に聞きに行こう！

三つ目のポイントは、管轄の保健所に話を聞きに行くことだ。二つ目のポイントで挙げたように、具体的な条件は都道府県ごとにより細かく規定されているため、本やインターネットで調べても実際の規定を理解することは難しい。早目に保健所に行き、不明な点を確認するとよい。不可能だと思ったことを可能にしてくれるアドバイス、予期せぬリスクを指摘してくれることもある。

4　許可・届出を行うのは、販売者であり運営者ではない

勘違いしがちなことであるが、食品衛生法の許可・届出はマーケットの運営者ではなく、基本的

に営業者である販売者、製造者がすべきことである。

たとえば、出店頻度についてもマーケット自体が年に何回開催されているのかではなく、あくまで営業者（＝出店者）が年に何回出店しているかがチェックされる。また、許可や届出書に記載する内容は、食材の仕入れ先、調理工程など、販売者や製造者にしかわからない項目が多い。保健所での受付時には記入不足の項目について質問されることがあるため、運営者がとりまとめて提出する場合は記入内容に漏れがないか、事前に確認した方がよい。Yanasegawa Marketでは出店者の負担軽減のため運営者がまとめて提出しているが、都内で定期開催されるマーケットの多くは出店者が直接、保健所へ届出・許可の取得を行っている。

お客さんを呼ぶ

告知の方法は、ＳＮＳ、チラシ・ポスター掲示、メディア掲載、ポスティング、知人への紹介などがある。媒体により伝わる相手も違い、多様な手段で行うことで、結果的に多くの人に知ってもらうことができる。マーケティングの手法について精通しているわけではないが、それぞれの手法について、経験をふまえて解説する。

ＳＮＳについては、運営者がマーケット用のＳＮＳを新しく始める場合には、はじめからたくさ

YANASEGAWA MARKET
6th Yanasegawa Market
～このまちにくらすよろこび～
日時：2018年5月27日（日）10:00 - 14:00（雨天延期日6月3日）
場所：館近隣公園（中央公園・埼玉県志木市）
主催：Yanasegawa ink
「人・もの・こと」との出会いをきっかけに、このまちにくらすよろこびを感じられるような場を作れないかと考え、Yanasegawa Marketを2016年秋より始めました。美味しい食べ物や心躍るハンドメイド作品に出会えたり、ワークショップに参加したり、マッサージを体験したり…マーケットが人々の日常を豊かにし、まちの魅力を向上するということを感じております。私たちはこのまちが大好きで、マーケットが大好きです。ぜひ遊びにきてください。
web - http://www.yanasegawaink.com
Instagram - http://instagram.com/yanasegawa_ink
Facebook - https://www.facebook.com/yanasegawaink/
Y ink
anasegawa

図3　Yanasegawa Marketのポスター。築35年のマンション群、成長した木々のイラストを用い、地域の人に馴染みやすいデザインに

んの人の目に触れることは難しい。店舗を持つ出店者や地域メディアなどすでに多くのフォロワーがいる人たちに、彼らのSNSで発信してもらう方が効果的である。マーケットのページを紹介してもらうことで、フォロワーも徐々に増えてくる。SNSの利点は、情報を好きなタイミングで、いくらでも出せることであり、出店者を紹介することにも適している。

チラシやポスターの掲示は、シンプルで人目に触れることも多いので、よい手段である（図3）。申請すれば、自治体の掲示板にも貼ることができる。ただ、掲示先に許可をもらい、貼りに行き、終了後回収に行くのは、意外と手間がかかる。

メディアの掲載先としては、自治体の広報や地域メディアが考えられる。自治体の広報は欄が小さく内容が伝わりづらいことと、締め切りが早いことに注意が必要だが、管轄の全世帯に配られるため、意外にも「広報に載っていたね」と声をかけられることもある。地域メディアのウェブ版では迅速かつ内容もしっかりと掲載してもらえることがある。

ポスティングは印刷コストも手間もかかり、敬遠しがちかもしれないが、世代を問わず、地域の人に知ってもらえる手法でもある。また、広報活動の効果をイメージしやすい手段である。たとえば出店者集めをする時にも、「近隣の住宅3000戸にポスティングする」と言えば、出店者に伝わりやすい。

最後に、知人への紹介である。ここまでの方法に比べて随分限定的になると思われるだろうが、困った時に支えてくれる知人の力は大きい。彼らは、初回でどれくらい人が集まってくれるのか不明な時、または天候不良で多くの人が来てくれない時、そんな時にも来てくれる。Yanasegawa Marketでは一度、小雨のなか開催したことがあり、13店舗ほどの出店があった。いつもと比べると来場者数は少なかったが、運営者や出店者の知人たちがたくさん来てくれた。身内に閉じた活動をしたいとは思わないが、マーケットのファンが増えていくまで、運営者や出店者の知人たちは一緒にマーケットを支えてくれ、彼らは発信にも意欲的だ。

雨天時の対応を考える

雨天時の対応についてはいくつか悩ましい点がある。

まず、予備日を設けるかどうか、ということである。天気のよい日に開催できるのが一番であり、予備日を設けることでその可能性は上がる。また、予備日を設けずに中止にした場合、開催頻度によっては次の開催まで間があいてしまう。一方で、予備日を設けると、出店者、運営者共に2日間予定を押さえておく必要があり、場所も什器も2日分確保しなければいけない。

続いて、雨天中止にするのか、小雨決行・荒天中止にするのかということである。ロンドンではマーケット開催中に雨が降っていることは日常茶飯事で、来場者も気にしないし、出店者も商品の上にさっとシートをかけるなどで対応する。マーケットが日常化するためには、小雨程度ならマーケットに足を運ぶ来場者や、うまく工夫できる出店者が育つことが理想だ。

実際に運営してみて感じたのは、小雨決行は十分可能ということだ。テントがあれば出店できるし、ワークショップも開催でき、普段より少ないながらも来場者は集まった。ただし、出店者が雨でも出たいと思っていること、雨でも来てくれるマーケットのファンが一定数いることが条件だ。雨が降れば搬出入も大変になり、商品が濡れないように気をつかう必要もあり、来場者数も減るため、売り上げも減る。出店者にとってはタフなコンディションだからだ。

事前に決行か否かを決めるのは天気予報によるが、天気予報によって予報が違うこともよくあり、混乱することもある。そこで、判断基準を明確に打ちだすのも一つの手である。たとえば、「気象庁が発表する天気予報で、前日17時の時点で降水確率が80%なら中止」などである。こうして決めておけば、出店者も来場者も天気予報を見ることで開催の可否が確認できる。

当日編

いよいよマーケット当日である。当日の大まかな流れは、運営者の準備↓出店者の搬入↓マーケット開始↓マーケット終了↓出店者の搬出↓運営者の撤収、となる。慣れるまでは、はらはらすることも多いが、いくつかポイントを事前に押さえておくと、スムーズな運営が行える。

準備する

1 運営者の準備

出店者が搬入を開始する前の運営者の準備では、当日の流れや出店者の出欠など状況の確認を行う。出店者にも来場者にも気持ちよく利用してもらうために、当日の朝の掃除も忘れずに行いたい。各出店者の出店場所の区画をあらかじめ決めて店舗のレイアウトを行う場合は、前日か当日の朝に区画を示す。また、可能であれば、搬入が始まるまでに、発電機など必要な機材の設置、ガーランドや看板などのアイテムの設置も済ませておきたい。

2 出店者の搬入

続いて、当日の運営の一つの山場でもある搬入が始まる。搬入開始はマーケット開始時間の1～2時間前に設定しているマーケットが多い。最適な時間は出店者数や什器提供の有無、会場から駐車場へのアクセスのしやすさなどにより異なるので、始めは早目に設定し、余裕があると判断できれば次回以降遅らせるとよい。

Farmer's Market@UNUでの出店準備。オリジナルの什器を組み立てている。

出店者の大半は車で搬入を行うため、車が1カ所に溜まるなど、近隣に迷惑をかけないように注意が必要である。搬入時のトラブルを回避するために、運営スタッフによる車の整理、荷物の運搬・見張りの手伝いなど、細やかな対応が求められる。混雑を避けるために、出店者の都合を調査して搬入時間帯をずらすことも有効だ。

続いて、出店者を出店場所に案内する。区画を決めている場合は、区画に番号や店舗名をつけて伝えれば、比較的スムーズに進む。ただし、什器を持ち込む場合は区画にテントが収まらないことも稀に起こる。区画を決めずに先着順に詰めていく場合は、異なる店舗サイズの出店者が多くても、店舗同士の隙間を一定に保つレイアウトができるメリットがあるが、出店者は自分のスペースがわかりづらいため、スタッフがそれぞれ説明する必要がある。

あまり一般的ではないが、Yanasegawa Marketでは運営スタッフが荷物を運ぶ手伝いを行っている。道路上でのトラブルを防止する目的で始めたことだが、結果として、出店者とのコミュニケーションの機会にもなっている。

出店者が商品を並べ始めると、陳列に必要な備品の不足に気づくことが多い。ガムテープ、ハサミ、油性ペン、ゴミ袋などの文具類は一通り準備しておくと役に立つ。

開催する

開催時間になったら運営者が開始の合図をするとわかりやすい。時々、並んだお客さんを前に勝手に販売する店舗が出てしまうので、それを防止するためにも有効だ。音楽などわかりやすい合図もよい。開催中は、運営者は全体を見渡しながら、来場者、出店者のどちらにも注意を払う。

1　来場者への目配り

来場者については、主に自転車と路上駐車の問題がある。自転車は想像以上に1台が場所をとるので、あっという間に自転車置き場が一杯になることがある。そのため、既存の自転車置き場が満車になった時の臨時の設置場所も前もって考えておくとよい。自転車や車のマナーの問題は近隣の住民からネガティブに受け取られ、また、事故につながる可能性もある。
Yanasegawa Marketを開催する公園は、公園と同じ長さの自転車置き場が道沿いにあり、普段はがらがらなのだが、マーケット開催時には初回から自転車置き場が大混雑した。気づくのが遅ければ、自転車が歩道まで溢れかえっていたかもしれない。路上駐車をする人も残念ながらいる。立地によっては短時間の駐車でもトラブルになりかねないため迅速に対応する必要がある。対策としては、出入り口付近に路上駐車がないか目を配り、自転車の整理を行うスタッフを配置することが有効だ。また、落とし物、ゴミ箱やトイレの位置などを尋ねる来場者への対応も必要だ。

2　出店者への目配り

出店者については、何か困っていることがないか様子を見て、積極的に声かけを行う。行列ができ、てんてこまいになっている店舗を見つけたら運営スタッフが手伝いに入る。あまり人が来ていない店舗には声をかけ、特に飲食系であれば、自ら購入して、近くにいる知人に紹介することもできる。

3　全体を俯瞰する役割

開催中にはいろいろなことが起きる。開催前に、問題になりそうなことを検討することも必要だが、開催して初めて問題が明らかになることもある。臨機応変に迅速に対応できるスタッフには、あえて決まった役割をふらずに全体のパトロールをお願いすることも有効だ。こういう人材が１人でもいると大変心強く、トラブルの芽をつんでくれる。

また、開催中に記録用の写真を撮ることも忘れないようにしたい。開催報告、次回以降の出店者探しの際にも活用できる。できれば写真が得意な人に依頼しておくとよい。

片づける

販売開始とは違い、販売終了は一斉に行う必要はなく、来場者がひいたタイミングで各店舗の判断で終了して構わない。出店料を売り上げベースで設定している場合は、終了後に徴収することになるので、忘れずに行う。この時、出店者から一言、感想を聞くと、思わぬ学びを得られる。出店料の徴収の際には、領収書の準備も忘れずに。それぞれ、荷物をまとめ終わると搬出が始まる。搬出は搬入と違い、スムーズに行いやすいが、やはり、全体を見て安全を確保するスタッフは必要だ。

出店者の搬出が終わると掃除を行う。掃除は、搬入開始前、搬出終了後に行う。マーケットを開催するために、塀をたわしでこすり苔を落としたり、舗装を覆った土を削ったりして空間に一手間を加えると、空間はいきいきとよみがえり、マーケット開催後もよい環境が保たれる。誰も使わない公園に行くと、ベンチは朽ち、砂場には草が生え、ゴミが至る所に落ちている様子にとても悲しくなる。空間は使われるほどいきいきするという、使い手がもたらす空間の魅力を、マーケットの開催を通じて地域の人に感じてほしいという想いもある。

後日編

マーケットを育てる

マーケットが人々の暮らしに根づき、地域になくてはならないものになるためには継続的に開催し、マーケットが育っていく必要がある。来場者にとっては、マーケットに通うことが習慣になり使いこなすこと。また、出店者と運営者はレイアウトや商品構成、価格設定を改善すること。

この習慣化と改善の二つが相まって、Yanasegawa Marketでは5回目の開催時に各店舗の売り上げが大きく向上し、毎回出店している出店者の多くが最高売り上げを記録した。

また、来場者がマーケットの使い方を理解し、レジャーシートを持参して1日滞在する姿が多く見られた。初回は広場で遊ぶ子どもの姿が目立ったが、回を重ねるごとに広場でくつろぐ大人の姿が増えていった。滞在する人を増やすため、余白の空間を確保し、座具を準備し、飲食を用意し、ワークショップを企画し、運営者としてさまざまな手段を初回から講じてきたが、来場者が自主的に滞在する姿が広場全体で見られるようになったのは5回目からだ。前述の通り、マーケットは小さく始めて大きく育てることも可能であり、「育てる」というコンセプトにとても適している。

Yanasegawa Marketの今後の課題としては、高齢者に多く来てもらえる工夫を続けていきたい。

Yanasegawa Marketの前の広場でくつろぐ人々

地域の高齢者コミュニティ施設にチラシを置いたり、高齢者のニーズが高い野菜やパンの出店を続け、徐々に増えてきてはいるが、まだ高齢者の姿が多いとは言えない。また、開催場所近くの商店街にもマーケットがよい作用を与えることができないかと、模索している。

マーケットの使い手に、どう使いこなす術《すべ》を伝えていくか、使い手とどうマーケットを育てていくか。その回答の一つが本書であり、これからも思考と実践を積み重ね、マーケットの育て方を探求していきたい。

＊1　野村総合研究所「平成26年度まちプロデュース活動支援事業（人材育成事業案）報告書」２０１５

＊2　William H. Whyte, The Social Life of Small Urban Spaces, Conservation Foundation, 1980

＊3　厚生労働省「昭和29年12月24日 衛食第３４９号」１９５４

＊4　日本食品衛生協会「新訂 早わかり食品衛生法 第5版（食品衛生法逐条解説）」２０１３

7章

シビックプライドを育むマーケット

マーケットはまちへの誇りや愛着、シビックプライド[*1]を高め、まちの担い手を増やすことができる。これは、マーケットを研究し実践してきたなかで感じたことである。本章では、マーケットがシビックプライドを高めるプロセスを、マーケットの開催前（off site）、開催中（on site）、開催後（off site）に分けて説明する（図1）。

①地域の魅力を発掘

まず、マーケットは地域の魅力を発掘することから始まる。運営者による出店者探しである。地域にはまだ知られていない魅力が意外とあり、これを掘り起こせることもマーケットの価値の一つである。私自身、マーケットを開催してみて「何もない」と思っていた郊外の住宅街に隠れた魅力がたくさんあることに驚いた。駅や主要道路から離れた目立たない立地にある店、特定の日だけオープンする店、店を持たずに活躍する作家、あるいは一見普通なのに実はこだわりのある店など、知る人ぞ知る地域の魅力を発掘していく作業がマーケットの始まりである。

②地域の魅力をビジュアル化

発掘された地域の魅力が、マーケットの会場に一堂に並ぶと、鮮明に視覚化される。小さな店舗の集合であるマーケットは、地域のニーズを反映するため、地域性も現れやすい。これは世界中どこのマーケットでも同じで、マーケットは地域の個性、生活が鮮やかに現れる舞台である。観光資源として、マーケットが優れているのもこの点にある。

③人が集う場を生む

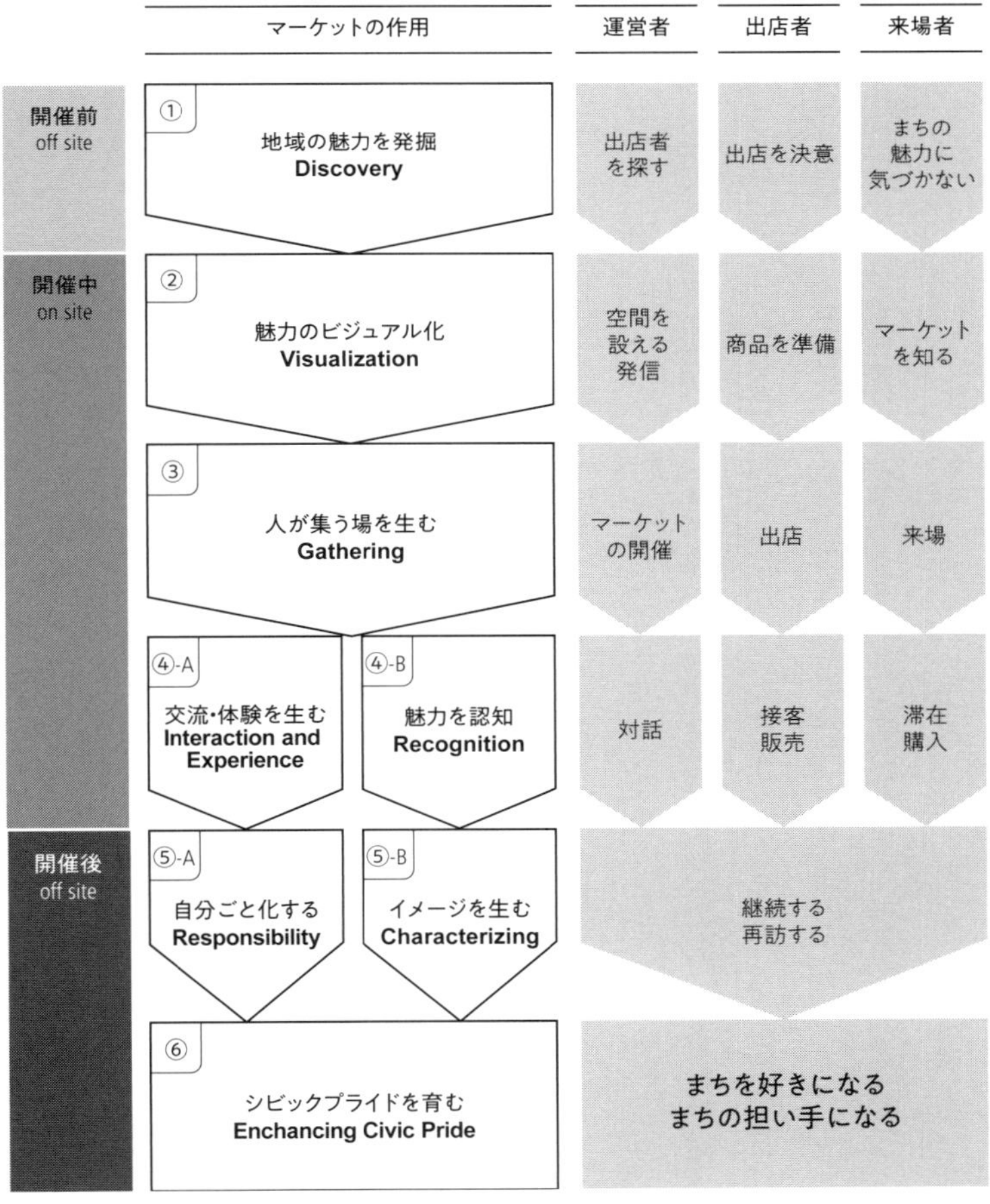
マーケットの作用
運営者
出店者
来場者
開催前
off site
①
地域の魅力を発掘
Discovery
出店者を探す
出店を決意
まちの魅力に気づかない
開催中
on site
②
魅力のビジュアル化
Visualization
空間を設える発信
商品を準備
マーケットを知る
③
人が集う場を生む
Gathering
マーケットの開催
出店
来場
④-A
交流・体験を生む
Interaction and Experience
④-B
魅力を認知
Recognition
対話
接客販売
滞在購入
開催後
off site
⑤-A
自分ごと化する
Responsibility
⑤-B
イメージを生む
Characterizing
継続する再訪する
⑥
シビックプライドを育む
Enchancing Civic Pride
まちを好きになる
まちの担い手になる

図1　シビックプライドを育み、まちの担い手を増やすプロセス

地域の魅力が集まる場所には人が集まる。出店者の選び方を工夫し、野菜やパン、食べ物など誰もが関心を持つ商材、子ども向けワークショップを企画することで、子どもから年配の方まで、趣向を問わず、多様な属性の人々が集まる場所が地域の中に生まれる。来場者として誰でも関わることができる、これもマーケットの優れた点である。

人が集う場が生まれると、二つの効果が生まれる。マーケットでの交流や体験を通じて、来場者が自分の場所として愛着を持つようになる効果（A）と、まちの魅力が拡散され多くの人に認知され、まちのイメージとなる効果（B）である。

〈効果A〉

④-A交流・体験を生む

人が集うと、対話が始まり、交流が生まれる。また、買い物や滞在、ワークショップを通じた体験も生まれる。対面販売で人と人とが接するから生まれる効果であり、スーパーマーケットやインターネットショッピングでは決して生まれない効果である。出店者にとっては、地域活動に参加することや自分の作品を販売することは自己実現につながる。

⑤-A自分ごと化する

交流や体験をすると、人の意識は大きく変わる。その場所での出来事が自分のこととして捉えられるようになる。今までは「ただの公園」だったのが「おいしいパンと出会った公園」「面白い八百屋さんと話した公園」に変わり、地域を自分の生活に関わる存在として捉えるようになる。継続的に出店したり、再び訪れることで、自分ごと化が定着して、自分のステージ、居場所として捉えられるようになる。

〈効果B〉

④-B魅力を認知

地域の魅力がビジュアル化され、そこにたくさんの人が集まることで、地域の魅力やマーケットの存在が多くの人に認知される。このまちにこんなに魅力的な店や作家がたくさんいたのだ、この広場はこんなに心地よく滞在できる場所だったのだ、と気づく。

⑤-Bイメージを生む

魅力が認知されると、マーケットがあるまちという特徴づけがされ、まちのイメージが生まれる。一つのアイコン的な場所によって生まれるイメージとは違い、まちにある個々の魅力の集合体であるマーケットは、まち全体のイメージとして認知される。

⑥シビックプライドを育む

まちを自分ごと化し、魅力的なイメージを持つと、人々のシビックプライドが育まれる。運営者はマーケットをつくり、出店者は体験や空間を生みだし、来場者は購買や滞在を楽しむ。マーケットを通じて「誰かがつくるまち」から「自分たちがつくるまち」へと意識が変化し、行動も変化する。マーケットで出会ったまちのパン屋さんに通うようになる、マーケットの開催場所を大切に使うようになる、こうした小さな行動の積み重ねがまちの担い手を育て、豊かなまちをつくる。

このプロセスの中心には「人」がいる。調査や実践を通じて、たくさんの運営者、出店者、来場者の話を聞いたが、それぞれの人に個々のストーリーがある。運営者では、「大好きな地元を盛り上げることができるマーケットが自分の生きがいだ」と言う人がいた。出店者では、「実家がつくる農作物の魅力を広めよう」とする人に多く出会い、その姿は誇りに満ちていた。また、「普段は店のことで手一杯だが、マーケットは地域と関われるので出店できて嬉しい」という意見も聞いた。来場者では、「このまちをどうにかしたいと思っていたが、マーケットで今まで見たことがない景色を見られてよかった」など、まちの活気ある姿を喜ぶたくさんの声を聞いた。

まちへの誇りを高め、まちの担い手を増やすこと。これは、どこのまちでも必要とされていることだろう。また、マーケットは工夫次第で、若者や子育て世代、単身者など多様な属性の人たちにリーチでき、生活の質、経済、環境と多様な効果を生む。マーケットというツールを是非多くの人々に使いこなしてほしい。

＊1　シビックプライド（Civic Pride）とは、人々がまちに対して持つ自負と愛着のこと。日本語の郷土愛と比較すると、より当事者意識が含まれている概念である。18世紀のイギリスで生まれ、２００３年にオランダ・アムステルダム市が行った地域プロモーション「I amsterdam」（アムステルダムの財産は人であり、住む人、働く人、勉強する人、訪れる人、それこそがアムステルダムなのだ、というプロモーション）が具体事例として有名である。

おわりに

マーケットの研究を始めたきっかけは二つある。一つは建築家として大規模建築の設計を行うなかで、その可能性を感じるとともに、疑問も感じたこと。そしてもう一つは「日本のストリートは面白くない！」と悲しみを感じたことだった。

私は、2006年から5年間、フォーリン・オフィス・アーキテクト（Foreign Office Architects ltd.）というイギリスの設計事務所で働いていた。憧れの建築家のもとで、さまざまな挑戦を経験するなかで、次第に、建物を設計することでは解決できない課題（たとえば、途上国で高層ビルを建てる必要性、2008年のリーマンショックによる経済不況で多くのプロジェクトが放棄されたことなど）について考えるようになった。すべての人が幸せな日常を送るために建築ができることは何なのか。今まで携わっていたトップダウン型の大規模建築の設計とは正反対の、小さな要素の集合がまちに大きなインパクトを与えることはできないだろうか。それを探求するために、設計事務所を辞め、アカデミックな環境に戻ることにした。

また、ロンドンで、グラフィティ、パブ、マーケットなど、ストリートを舞台にさまざまな活動が起こる日常に身をおいたことも大きかった。ストリートでの活動は人々の偶発的な出会いを生み、単なる交通空間でなく、重層的な価値をまちにもたらしていた。ロンドンの文化を育む場として、人々の喜びや誇りとなっていた。一方、日本の道路はというと、交通以外の活動が行われることはほとんどなく、非常につまらなく、勿体ない状況のままだった。

こうした経緯から、小さな要素の集合であるマーケットが大規模建築以上にまちに大きなインパクトを与えるという仮説をたて、その可能性について研究し始めた。そして、研究や実践の中で新しい発見に出会うたびにワクワクし、それが確信に変わった。「マーケットはすごいツールだ！」と。

マーケットは、出店者や来場者が生きるために行う営みであり、1人1人のストーリーが隠れている。それこそがマーケットの魅力ではないだろうか。ロンドンでマーケットの魅力に出会って10年以上が経ち、自身が暮らすまちでマーケットを5回主催し、業務委託でマーケットの開催も行ってきたが、ますますマーケットに魅了されている。

建築家であった私がマーケットの研究者になり実践者になるために、本当に多くの方々に支援いただいた。研究者として必要なことを一から教えて下さり、一緒に研究を続けて下さった慶應義塾大学のホルへ・アルマザン先生。大変な調査を一緒に楽しんでくれた杉山真帆様、原里絵香様、坂野友哉様。Yanasegawa Marketを一緒につくってくれた板倉恵子様、田中裕子様、川端奈緒子様。本書を共につくって下さった学芸出版社の宮本裕美様。ほかにも、ご協力をいただいた多くの皆様に心より感謝を申し上げます。また、本書を手に取っていただいた、読者の皆様にも御礼申し上げます。本書が少しでも、皆様のお役に立つことを願っています。

２０１８年５月

鈴木美央

撮影

hibi-no-awa 稲葉絵里子：p.4（上）、5（上）、6（右下、左上、左下）、8、9、76、77、82、83、195、200（上）、208、213、215、225

図版クレジット

株式会社 nest：p.4（下）、7（左上、左下）、114、115、119、122
森ビル株式会社：p.5（中）、6（右上）、88、89、99
小石川マルシェ実行委員会：p.5（下）、108、109（上）、190（右）
中村 航：p.10（上、下）、11、13（下）、27（下）、30（上）、62、64、66
有賀敬直：p.10（中）
石井孝幸：p.47（下）
Azizah Sulor：p.49（下）
中島竜子：p.51（下）
脇坂真吏：p.105
山下裕子：p.152
ナムフォト：p.154
園田聡：p.177、178、179、181、184
NPO法人 Farmer's Market Association：p.190（左）
高野哲矢：p.207（上）

上記以外の図版は著者撮影・作図

鈴木美央（すずき・みお）

O+Architecture 主宰。1983 年生まれ。早稲田大学理工学部建築学科卒業後、渡英、設計事務所 Foreign Office Architects ltd. にて 2006 年より 2011 年まで勤務。帰国後、慶應義塾大学理工学研究科勤務、2013 年より同大学博士後期課程在籍、2017 年博士号（工学）取得。現在は建築設計、行政のアドバイザー、マーケットの企画・運営、公共空間の研究などを行う。

マーケットでまちを変える
人が集まる公共空間のつくり方

2018年 6 月10日　初版第 1 刷発行
2024年11月20日　初版第 5 刷発行

著者	鈴木美央
発行所	株式会社 学芸出版社 京都市下京区木津屋橋通西洞院東入 電話075-343-0811　〒600-8216
発行者	井口夏実
編集	宮本裕美（学芸出版社）
装丁	藤田康平（Barber）
DTP	梁川智子
印刷・製本	モリモト印刷

ISBN978-4-7615-2681-8